As boas coisas da vida

RUBEM BRAGA

As boas coisas da vida

São Paulo
2020

global
editora

© Roberto Seljan Braga, 2018
12ª Edição, Global Editora, São Paulo 2020

Jefferson L. Alves – diretor editorial
Gustavo Henrique Tuna – gerente editorial
André Seffrin – coordenação editorial
Flávio Samuel – gerente de produção
Sandra Brazil – coordenadora editorial e revisão
Aline Araújo e **Fernanda Cristina Campos** – revisão
Eduardo Okuno – projeto gráfico
Victor Burton – capa

Obra atualizada conforme o
NOVO ACORDO ORTOGRÁFICO DA LÍNGUA PORTUGUESA.

DADOS INTERNACIONAIS DE CATALOGAÇÃO NA
PUBLICAÇÃO (CIP)
(CÂMARA BRASILEIRA DO LIVRO, SP, BRASIL)

Braga, Rubem, 1913-1990.

As boas coisas da vida / Rubem Braga ;[coordenação André Seffrin]. – 12. ed. – São Paulo : Global Editora, 2020.

ISBN 978-85-260-2517-2

1. Crônicas brasileiras I. Seffrin, André. II. Título.

20-32901   CDD-B869.8

Índices para catálogo sistemático:
1. Crônicas : Literatura brasileira   B869.8
Iolanda Rodrigues Biode – Bibliotecária – CRB-8/10014

Direitos Reservados

global editora e distribuidora ltda.
Rua Pirapitingui, 111 – Liberdade
CEP 01508-020 – São Paulo – SP
Tel.: (11) 3277-7999
e-mail: global@globaleditora.com.br
www.globaleditora.com.br

Colabore com a produção científica e cultural.
Proibida a reprodução total ou parcial desta obra
sem a autorização do editor.

Nº de Catálogo: **4419**

NOTA DA EDITORA

Coerente com seu compromisso de disponibilizar aos leitores o melhor da produção literária em língua portuguesa, a Global Editora abriga em seu catálogo os títulos de Rubem Braga, considerado por muitos o mestre da crônica no Brasil. Dono de uma sensibilidade rara, Braga alçou a crônica a um novo patamar no campo da literatura brasileira. O escritor capixaba radicado no Rio de Janeiro teve uma trajetória de vida de várias faces: repórter, correspondente internacional de guerra, embaixador, editor – mas foi como cronista que se consagrou, concebendo uma maneira singular de transmitir fatos e percepções de mundo vividos e observados por ele em seu cotidiano.

Sob a batuta do crítico literário e ensaísta André Seffrin, a reedição da obra já aclamada de Rubem Braga pela Global Editora compreende um trabalho minucioso no que tange ao estabelecimento de texto, considerando as edições anteriores que se mostram mais fidedignas e os manuscritos e datiloscritos do autor. Simultaneamente, a editora promove a publicação de textos do cronista veiculados em jornais e revistas até então inéditos em livro.

Ciente do enorme desafio que tem diante de si, a editora manifesta sua satisfação em poder convidar os leitores a decifrar os enigmas do mundo por meio das palavras ternas, despretensiosas e, ao mesmo tempo, profundas de Rubem Braga.

Sumário

O porto de minha infância   13
Memórias de um ajudante de farmácia   17
Beliscavam-no   21
O Rio antigo era assim   23
Adeus a Augusto Ruschi   26
O velhinho visita a fazenda   28
O protetor da natureza   30
Lembrança de Cassiano Ricardo   32
A cachaça também é nossa   34
Homem olhando a janela alta   37
Vamos outra vez pedir perdão   39
Não fui ao enterro do Zeca   42
A geração do AI-5   45
Quem gosta de homem   48
O herói competente   50
O emprego de Friedenreich   53
Noite de chuva em Sevilha   55
A inenarrável história de Sevilha   57
Visita ao morro da Mangueira   59
Histórias de baleia   61
Como se fosse para sempre   63
Um rapaz de Niterói   65
Faço questão do córrego   67
De coisas fúnebres   69
A sesta do português   72
Meninos e folhas de pita   73
Rita Lee   76
Havia um pé de romã   82

São Paulo e suas moradas   84
Chamava-se Amarelo   86
As Ilhas Altas   89
Lá vamos nós   91
A boa manhã   94
Um passeio a Paquetá   96
Entre dois cochilos   98
A conspiração dos outros   100
Pessoal afobado   102
As boas coisas da vida   104
O enxoval da negra Teodora   106
Passarela e anúncios   113
O delegado e o apito   115
Lembrança da Ilha Rasa   119
Aproveite sua paixão   122
A valsa de Lamartine   124
O caboclo Bernardo   126
Era na praça da República   130
Achei melhor não reclamar   132
Lembrança de Manuel Bandeira   134
O verdadeiro Guimarães   137
A mulher ideal   139
Por quem os sinos bimbalham   142
O sr. Alberto, amigo da natureza   145
Berço de mata-borrão   147
Votos para o Ano-Novo   150

As boas coisas da vida

O PORTO DE MINHA INFÂNCIA

Minha cidade, Cachoeiro de Itapemirim, tem uma origem fluvial. Os colonizadores que subiam o rio em canoas, lutando com os índios, encontraram ali, a umas sete léguas do mar, um outro embaraço ao seu avanço: um "encachoeirado" ou "cachoeiro" que impedia a navegação. Para continuar, era preciso carregar as embarcações por terra até em cima. E mesmo isso não valia muito a pena, porque, dali para a frente, volta e meia iriam encontrar outras pedras e corredeiras para atrapalhar.

Há outra cidade no Espírito Santo que também se chamou Cachoeiro, pelo mesmo motivo: ali terminava a navegação do rio Santa Maria. Assim nasceu Porto do Cachoeiro, depois Porto do Cachoeiro de Santa Leopoldina em homenagem a uma das princesas; hoje é apenas Santa Leopoldina.

Mas voltemos a Itapemirim; junto à barra do rio, do lado direito, ainda se ergue o belo sobradão do porto. Não promete durar muito: se não for logo restaurado e receber um destino diferente – escola, centro de artesanato, turismo, clube, colônia de férias, albergue, qualquer coisa – não demora a desabar. Foi nesse porto que pensei quando me pediram uma crônica sobre um porto qualquer. Mas não como porto marítimo entre o Rio e Vitória; o que me interessa, como me interessava na infância, era a navegação entre a Barra e Cachoeiro de Itapemirim.

Houve um capitão Deslandes, que hoje é nome de rua importante de Cachoeiro. Nascido em Paranaguá, lutou na guerra do Paraguai e depois se mudou para o Espírito Santo; para Vitória, a princípio, depois para Itapemirim; ali exerceu suas profissões, que eram duas: fotógrafo e dentista. Esse homem habilidoso requereu e conseguiu, em 1872, concessão para explorar a navegação a vapor do rio Itapemirim. A 3 de abril de 1876 inaugurou-se a linha. O barco levava umas oito horas para descer o rio, e dez a doze para subir. Chegou a haver seis vapores nesse serviço, além de uma barca de passageiros. As informações que tenho, de cronistas locais, nem sempre combinam muito bem, a não ser numa coisa: navegar no Itapemirim sempre foi trabalho complicado e inseguro, principalmente na época da seca, quando havia encalhes aborrecidos. Às vezes a navegação ficava impossível durante meses, o que devia destrambelhar as finanças da empresa. Houve algumas transferências de contratos, coisas aborrecidas que não vou historiar. Uma publicação de 1920, do Ministério da Agricultura, Indústria e Comércio, ainda dizia: "Durante as águas é grande o número de embarcações a vapor, gasolina, vela e remos que auxiliam os transportes entre Cachoeiro e Barra de Itapemirim numa distância de 42 km..." Era mais do que contava, em maus versos, em 1885, o padre Antunes Siqueira:

"... Nele cruzam em fluvial carreira
Dois vapores muito regularmente.
Vão do Itapemirim a Caxoeira,

Quando das águas lhes permite a enchente,
Dali voltam em viagem prazenteira
Conduzindo carga e muita gente."

No princípio deste século o vaporzinho *São Luís*, de Soares & Irmão, era a principal ligação entre Cachoeiro e a Barra. Vejo-o numa foto de 1922, e me lembra da única vez em que o vi pessoalmente. Eu devia ter oito anos, e o achei fascinante. Um senhor com ares superiores dizia que a viagem era muito perigosa; o barco podia encalhar ou arrebentar-se. Uma vez ele bateu num galho em que havia uma casa de marimbondos e estes atacaram os passageiros. De outra vez foi pior: quando o vaporzinho passava sob uma árvore da margem esquerda, caiu nele uma cobra. "Venenosa?" – perguntou alguém. "Claro!" – afirmou ele, como se considerasse indigno de sua pessoa ter feito referência a uma cobra que não fosse venenosa. "E aí, o que houve?" – perguntou ainda outra pessoa. E ele com um ar irritado: — "O que houve, o que houve? Ora, cai uma cobra venenosa dentro de um barco, e você quer saber o que houve, o que houve?"

Nesse momento o vaporzinho apitou para partir, e nunca ficamos sabendo, afinal de contas, o que houve.

Lembro-me de que uma vez meu pai viajou no vaporzinho. Eu disse que queria ir, mas alguém disse que quem iria era meu irmão mais velho, e eu teria de esperar a minha vez. Era razoável. Mas o diabo é que ainda havia outros dois irmãos mais velhos para ir antes de mim!

Foi a essa altura que inventaram a estrada de ferro, que depois arrancaram para substituir pela estrada de rodagem – e adeus *São Luís*, adeus para sempre, vaporzinho *São Luís* das primeiras de minhas grandes navegações que nunca houve.

Memórias de um ajudante de farmácia

Já contei que, rapazola, andei trabalhando numa farmácia de parentes, para ter um dinheirinho meu. Era a Farmácia Central, de Cachoeiro de Itapemirim.

Eu lavava vidros com grãos de chumbo, entregava uma ou outra encomenda mais urgente, ajudava no balcão – e, se não cheguei a ser uma glória da farmacologia capixaba, pelo menos aprendi a fazer limonada purgativa e água vienense. Receitas mais complicadas o farmacêutico aviava; eu via-o com respeito misturar líquidos, pesar pós, rolar pílulas, espalhar pomadas com espátula...

Às vezes ele me encarregava de copiar a receita do médico em um pequeno rótulo oval com o nome da farmácia impresso, e colocá-lo no frasco.

Além disso eu era encarregado de "capsular" a rolha, isto é, de fazer aquele pequeno capuz de papel plissado na hora e amarrado ao gargalo por um barbante. Custei a aprender isto, e fazia tão mal que às vezes o farmacêutico impaciente me tomava o vidro e, num segundo, com seus dedos ágeis, realizava uma verdadeira obra-prima, com as pequenas dobras do plissê todas iguais e um nó quase invisível. "Sem jeito mandou lembranças" – me dizia ele.

No balcão eu vendia preparados – como Capivarol, Bromil, Elixir de Inhame, Vinho Reconstituinte, Saúde da Mulher, Emulsão de Scott, Xarope de Salsaparrilha do Dr. Ayer (o mais caro) ou então vidrinhos de elixir paregórico feitos na farmácia mesmo ou latinhas de pomada mercurial, tostões de sena, maná e rosa, coisas assim. A farmácia era do meu cunhado, Dr. Paraíso, e do meu irmão Jerônimo; depois entrou de sócio o primo Chico Cristóvão. Eu obedecia às ordens de outro primo, o Costinha (Manuel Emílio da Costa), que depois faria carreira no ramo, além de ser quíper do Estrela do Norte F. C., de que o meu irmão Newton haveria de ser "beque de escora" – ou zagueiro direito, como se diz hoje. Mas lá vou eu escorregando na conversa e mudando de assunto.

Relembrando agora esse tempo com o Costinha, ele me emprestou um exemplar da bíblia dos farmacêuticos, o famoso *Formulário de Chernoviz*. Trata-se da 15ª edição, de 1892, e "consideravelmente aumentada e posta a par da ciência, acompanhada de 455 figuras intercaladas no texto, de 6 mapas balneários, de um suplemento de 258 páginas". Nesse suplemento está o texto das comunicações feitas à Academia de Medicina de Paris pelo Sr. Pasteur "nas memoráveis sessões de 26 de outubro de 1885 e 2 de março de 1886", em que ele conta dramaticamente a sua luta vitoriosa contra a raiva e o carbúnculo. O *Formulário*, que é também um guia médico, descreve as doenças e os remédios, inclui as plantas medicinais indígenas do Brasil, as águas minerais do Brasil e da Europa, e ensina praticamente tudo que àquela altura era possível e preciso saber fazer: pílulas, poções, xaropes, linimentos, elixires e pomadas, cremes e emulsões, unguentos e tinturas, cápsulas, vinhos, bálsamos e pós, fumigações, cataplasmas e tisanas.

Duas fórmulas terríveis de que eu sempre consegui escapar e, só por isto, acho que tive uma infância feliz: óleo de rícino e óleo de fígado de bacalhau. O livro tem nada menos de 1.560 páginas; é, sem dúvida alguma, o mais representativo da cultura da época, no seu ramo.

Chernoviz (Pedro Luís Napoleão) foi um médico polonês (1812-1881) que se formou em Medicina em Paris e viveu no Brasil durante 15 anos – membro da Academia Imperial de Medicina do Rio de Janeiro, Cavaleiro da Ordem de Cristo e Oficial da Ordem da Rosa. É possível que muitas receitas que ele nos dá não façam mais efeito hoje em dia. Mas que vontade de voltar a essa medicina antiga e comprar, por exemplo, uma bisnaga do Bálsamo Tranquilo, que com esse nome até à alma deve fazer bem.

Talvez seja difícil hoje conseguir um pouco do verdadeiro almíscar, "a substância que se acha numa bolsa situada entre o umbigo e as partes genitais de um veado chamado moscho que vive na Ásia Central". O almíscar era usado contra histerismo, tétano, hidrofobia, tifo, delírio e convulsões e produzia "uma excitação notável nos órgãos genitais".

Por falar nisso o livro ensina o tratamento das poluções noturnas: o paciente (ou impaciente) deve dormir deitado de lado e não de costas, fazer abluções com água fria e regime vegetal, e usar outros recursos, mas há uma afirmação confortadora: "O casamento cura as poluções". Santo remédio!

Há receitas de veneno para rato, tinta simpática para espião escrever e tinta indelével para marcar roupa, destruidores de percevejos, muitas águas-de-colônia com essências de flor de laranjeira, canela, alfazema, alecrim, limão e bergamota.

Chernoviz era um sábio.

Beliscavam-no

Não era muito benquisto, nem bem falado, o grande poeta Augusto Frederico Schmidt. Logo que ele apareceu, Aporelly, que parodiava com muita graça e perversidade seus poemas, apelidou-o de "Gordinho Sinistro". Como editor, Schmidt descobriu Graciliano Ramos e lançou Gilberto Freyre, mas criou fama de mau pagador. Aquele poeta de versos compridos e estranhos, que falavam da solidão e da morte, contrastava com a figura de homem de negócios que ele era. Menos industrial ou negociante que relações públicas; naquele tempo essa profissão não era conhecida (ou reconhecida), e as pessoas maldosas falavam em advocacia administrativa e tráfico de influência.

Schmidt não fazia muito para combater essa imagem. Deleitava-se até, parece, em afirmar coisas obviamente falsas, por exemplo:

— "Vou lhe dizer uma coisa, Rubem Braga: tenho fama de rico, mas na verdade não tenho onde cair morto!"

(Tinha. Sua viúva, felizmente, nunca passou necessidade.) Eu acabara de lhe pagar os modestos direitos autorais de uma antologia de seus poemas, que fiz para a Sabiá, e ele me disse que era a primeira vez em toda a sua vida que recebia algum dinheiro pelos seus versos – o que não sei se era verdade ou exagero.

De qualquer modo, confesso que tive uma boa surpresa quando uma jovem me contou, no ano passado, um gesto do poeta. O pai dessa moça, professor universitário, era amigo de Schmidt, e morreu deixando uma filharada. Schmidt procurou a família e avisou que o supermercado de que era sócio, o Disco, tinha ordem para fornecer semanalmente todos os alimentos e artigos de casa necessários; e assim foi feito durante anos. Não conheço muitos atos de generosidade efetiva como este.

Schmidt ironizava muito os escritores e jornalistas que exaltavam as qualidades do homem do povo, que cantavam as virtudes do pobre. Lembrava sua experiência. Nascido relativamente rico, educado na Suíça, ficou, a certa altura, ainda rapazinho, em situação muito má. O emprego que arranjou foi o de caixeiro em uma casa de modas, a Barbosa Freitas, que naquele tempo era na avenida Rio Branco. Schmidt lembrava que os outros caixeiros implicavam com ele porque usava óculos – naquele tempo caixeiro não usava óculos. E, como era gordinho, os outros o ridicularizavam. Quando era preciso apanhar um artigo qualquer na prateleira mais alta, Schmidt era o escolhido: e lá ia ele a subir com medo a escada fina e trêmula... Sempre alguém aproveitava para beliscá-lo no traseiro. "Pobre é isso" – dizia Schmidt.

O Rio antigo era assim

Aqueles Arcos da Lapa com o bondinho passando em cima é o que pode haver de mais Rio antigo. É uma dupla fileira de arcadas com 18 metros de altura e 270 de comprimento. Isto, bem entendido, hoje em dia, porque quando terminou a construção (1750) ainda não existia o metro (nem o metrô, diga-se de passagem), era tudo jarda com 3 pés e pé com 12 polegadas, assim por diante.

Bondinho, é claro, também não existia – os Arcos serviam para trazer água para a cidade e nada mais; era o Aqueduto, coisa romana. Aliás, o nosso Capitão-General foi acusado de copiar o Aqueduto na mesma ocasião feito em Lisboa, o das Águas Livres, o que pode ser verdade. Menos verdade me parece a acusação, também feita na época, de que a construção daqui era cheia de falhas, com uma criminosa economia de óleo de baleia, e qualquer dia poderia ruir. Os dois últimos séculos mostraram que a oposição nem sempre tem razão, tanto assim que já neste século um prefeito tirou um dos pilares para alargar a passagem na rua Riachuelo e não caiu nada.

Quando puseram o bondinho passando lá por cima em 1896, também muita gente reclamou, era um absurdo pôr um carro elétrico em cima de arcos coloniais. Pois, meus filhos, o tempo passou e não digo que os bondinhos viraram coloniais, mas a verdade é que hoje são uma coisa antiga, a gente se acostumou, até que eles dão mais graça a um passeio a Santa Teresa.

Mas tornemos os olhos para a esquerda e lá veremos o outeiro da Glória com sua igrejinha branca; toda uma graça. Para começar, confessarei que o outeiro da Glória é na verdade o único outeiro que já conheci na minha vida – o resto é monte, é morro, não é outeiro.

Foi ali, naquele outeiro sobre o mar, que os portugueses comandados pelo capitão-mor Estácio de Sá, em 20 de janeiro de 1567, dia do mártir S. Sebastião, derrotaram os franceses, ficando Estácio ferido de flecha, do que veio a morrer um mês depois.

A igrejinha hoje nos aparece como nas gravuras mais antigas, bioctogonal, de cor branca e de pedra, tão graciosa e durinha nos seus ângulos, com aquelas palmeiras lá atrás, a brisa sempre a soprar.

Já nestes anos 80 uma bela restauração feita foi a do Paço Imperial, na hoje praça Quinze de Novembro. A gente andando por lá se sente um pouco Vice-Rei e mesmo Rei, até balbucia "diga ao povo que fico", vê a Princesa assinando a Abolição, o Imperador banido pela madrugada. E ali perto o Chafariz da Pirâmide, inaugurado em 1779 no antigo largo do Paço, obra de mestre Valentim, filho de nobre português e negra escrava, mestre de verdade nas artes de desenhos, pinturas, pedras e madeiras e metais, autor da Cascata dos Jacarés e do Chafariz das Marrecas e daquele das Saracuras que veio parar em Ipanema, praça General Osório. Esse mulato mistura formas manuelinas e barrocas e gnaisse dos arredores do Rio com pedra de lioz dos arredores de Lisboa.

Há também esculturas suas em várias igrejas, e inclusive no Jardim Botânico – onde aliás nada é tão belamente Rio antigo como aquelas palmeiras plantadas em 1842 com as mudas obtidas da Palma Mater plantada em 1809 pelo Príncipe Regente D. João VI e que viveu até 1972, quando foi fulminada por um raio. Tenho em minha casa um pedaço de seu estipe.

Pensando bem, apesar de tudo que se botou abaixo (alguma coisa, afinal, é sempre preciso botar abaixo, senão a gente ainda estaria vivendo naqueles becos fedorentos), o Rio ainda tem muita coisa antiga que vale a pena visitar devagar, desde a Mata da Tijuca até as velhas igrejas do Centro, desde o mourisco bonitão do Instituto de Manguinhos até as finas torres neogóticas da verdolenga Ilha Fiscal e até a Confeitaria Colombo na rua Gonçalves Dias, onde a gente ainda pode tomar chá com Olavo Bilac, e ouvir o Emílio de Menezes dizer, ao lhe contarem que o Guimarães Passos publicara o seu *Tratado de versificação*:

— Coitado do Guimarães! Há muito tempo ele tem tratado de ver se fica são! – trocadilho tão perfeito que o poeta tísico morreu.

O Rio antigo era assim.

Adeus a Augusto Ruschi

Um menino apaixonado pela beleza das orquídeas, que ele desenhava com lápis de cor em seu caderno. Esse menino viu um dia um beija-flor polinizar uma certa orquídea, e foi assim que começou a desenhar e a colecionar também beija-flores. É fácil imaginar que esse rapazola seria um homem contemplativo, cultivando a arte ou a poesia.

Ele teve a sorte de ser encaminhado, logo ao deixar o ginásio, ao Museu Nacional, onde encontrou quem o levasse ao estudo da natureza. Começou a aprender o nome latino, erudito, dos bichos e das plantas que tão bem conhecia; aquele beija-flor "balança-rabo-do-bico-preto" era o *Plaetornis nigrirostri*, e a orquídea parecida com um candelabro era a *Neoregelia punctatissima*. Acordando pela madrugada para se meter na floresta, Augusto Ruschi gastava horas infindáveis, solitário, nessa observação apaixonada. Levava depois para o laboratório o material que desejava estudar, e o examinava ao microscópio. Tinha certamente uma existência ideal, tranquila, recolhida, sempre vivendo, como viveu a vida inteira, na casa antiga de seus pais.

Quis o destino que esse homem tão arredio da política passasse uma boa parte de sua vida em campanhas e lutas – exatamente para defender aquela natureza que ele estudava com tanta sensibilidade e paixão. Acompanhei Augusto Ruschi em algumas dessas lutas e vi como se mobilizavam contra ele a ganância e a estupidez de grandes empresas nacionais e internacionais. Hoje todo mundo fala em ecologia; naquele tempo Ruschi era um lutador quase solitário, enfrentando interesses de políticos e industriais com um destemor, uma arrogância, uma paixão admiráveis.

Ele perdeu algumas dessas batalhas – mas ganhou a grande guerra de sua vida. As empresas que ele não conseguiu deter tiveram de levar em conta de algum modo a força de sua pregação.

Cada dia que passa aumenta a consciência coletiva de que ele estava com a razão ao lutar contra a estúpida poluição do ar e do mar de Vitória pela errada localização de seu porto e de sua indústria de minério e a destruição de florestas pelas grandes companhias.

Fui uma última vez a Santa Teresa me despedir do amigo que morreu. Ele quis ser enterrado bem dentro da mata que tanto amou, junto a uma cachoeira. Seu corpo ficou ali, entre orquídeas e bromélias. Quanto à alma, certamente aconteceu o que ele previa com um sorriso ao mesmo tempo irônico e melancólico: os beija-flores a levaram para junto de Deus.

O velhinho visita a fazenda

É um velhinho de ar humilde, que tem sua casa em um subúrbio do Rio; ninguém dá nada por ele. Vale, entretanto, muitas centenas de milhares de cruzados – pois não é certo que o homem vale pelo que tem?
 Gosta de viajar pelo interior do Estado do Rio, às vezes vai até Minas ou Espírito Santo – sempre de ônibus ou de trem. Conversa devagarinho com as pessoas que vai encontrando, gosta de falar sobre lavoura – "diz que a safra de milho este ano está muito grande, não é? O preço já caiu para um terço..."
 Sua conversa agrada; ele quer saber quantos alqueires tem aquela fazenda – "muita mata? e o gado?" – e vai-se informando, sabendo das coisas. Não se interessa pelas fazendas prósperas; adora histórias de filhos de fazendeiros que estão estragando a propriedade, viúvas roubadas pelo administrador, metidas em negócios na cidade – e de repente se interessa por uma fazenda.
 Dá gosto assistir a sua conversa com o dono da fazenda. Leva semanas, até meses. Visita a fazenda, olha a lavoura, a criação, conversa com os colonos, examina a terra, não resolve nada. É no Rio que se encontrará depois com o dono; confessa que tem outra fazenda em vista, bota defeitos naquela, aliás reconhece que é uma boa propriedade, mas muito mal situada, tão longe, ainda mais agora que

suprimiram aquele ramal da estrada de ferro... Quando o fazendeiro diz que recebeu uma proposta, pede licença para perguntar – "inda que mal pergunte, quanto lhe botaram pela fazenda, doutor?" – e acha que sim, é um bom negócio, ele não pode oferecer tanto... "É à vista, doutor?"

Porque sua força é esta: compra à vista. Quando, afinal, o outro lhe entrega a escritura, ele vai para a fazenda. Vende os móveis que houver, o chumbo do encanamento, o gado... É um mestre em desmanchar fazendas, em cortar a mata, em liquidar aos poucos tudo o que a fazenda tem de fazenda; honestos alqueires de milho se transformam em equívocos metros quadrados de loteamento.

"E aquela árvore tão bonita que tinha aqui na frente?" – lhe perguntei. "Tive de derrubar, doutor; estava ameaçando cair..."

É mentira; seu filho me contou que ele vendeu a madeira por duzentos contos; era uma árvore de cem anos, plantada por um antigo fazendeiro, orgulho da sede, árvore mandada vir do estrangeiro, carvalho ou sequoia – os antigos fazendeiros tinham desses caprichos.

E algum tempo depois o velhinho volta para o seu subúrbio no Rio com mais algum dinheiro. "Aquela fazenda? Ah, doutor, eu tive de dispor."

O PROTETOR DA NATUREZA

Uma esquadrilha de aviões a jato passou assobiando, zunindo. Depois vieram aviões comuns, em formação, com seus motores roncando. Pareciam morosos como carros de boi. Os outros eram apenas alguns pontos negros no horizonte. Onde iriam com tanta pressa?, perguntou o homem parado e triste, que olhava de sua janela. Pensou em fazer a barba, mas deixou para mais tarde. Lentamente atravessou o quarto, sentou-se numa cadeira e ficou olhando a paisagem sem graça. Um pardal pousou na janela e partiu logo, com seu ar apressado e vulgar de passarinho urbano.

O homem pegou um jornal e leu a primeira notícia que lhe caiu sob os olhos: o secretário de Agricultura assinou portaria designando o professor do ensino secundário padrão "O", Fernando Rodrigues Vaubert, para membro da Comissão de Proteção à Natureza.

O homem, que jamais tivera um cargo público, sentiu, pela primeira vez, inveja de uma nomeação. Sim, gostaria de dizer, quando lhe perguntassem a profissão: "Eu sou protetor da Natureza". E diria de tal maneira que "protetor" sairia humildemente, com minúscula, e "Natureza" solenemente, com maiúscula. Procuraria agir por meios suasórios, por exemplo:

"Eu sei que vocês vivem honradamente. Gastam muito tempo e esforço caçando borboletas nas matas da Tijuca e depois mostram grande habilidade e senso artístico compondo essas paisagens com asas de borboletas em pratos e bandejas.

Esta aqui, por exemplo, está linda; sim, é extraordinário o azul deste céu, nem o próprio céu verdadeiro jamais teve um azul assim. Isto é... bem, você tem o costume de olhar o céu? A verdade é que nunca se pode dizer com toda certeza: *Não existe um céu desta cor*. Tenho visto coisas surpreendentes no céu. Não, meus amigos, não estou me referindo aos aviões a jato que passaram esta manhã. Falo do céu mesmo, feito de ar, de nuvens, de luz. Mas eu ia dizendo: as borboletas são lindas, não acham? Mas se vocês as matam, aos bandos, ou pagam a meninos para matá-las, um dia não haverá mais borboletas, não é verdade? E não havendo mais borboletas não haverá pratos de borboletas, nem pires de borboletas, nem caixas com tampas de borboletas, nem pessoas que vivem de matar borboletas – sim, porque existem pessoas bastante cruéis, insensíveis, gananciosas, para viver à custa de borboletas – é horrível, não é? Matar borboletas para viver – não sei o que essas pessoas sentem, talvez em sonhos elas vejam borboletas azuis e amarelas, talvez, quando morrem, seus caixões sejam acompanhados por borboletas – ah, desculpem, meus amigos, não quero magoar ninguém, apenas acontece que acho lindas as borboletas, mas não tenho o intuito de aborrecer pessoa alguma, pelo contrário, acho que as pessoas também fazem parte da Natureza e é preciso, é preciso proteger a Natureza..."

Lembrança de Cassiano Ricardo

Apesar de ter lido toda a sua obra poética, a certa altura, para fazer uma antologia para a Editora do Autor, nunca fui amigo do Cassiano Ricardo. Considero-o um dos grandes poetas do Brasil de todos os tempos, principalmente pelo que ele escreveu depois dos 50 anos de idade. Nunca li a "Marcha para o Oeste" e como um amigo dele, e meu, insistisse em que eu lesse o ensaio, respondi de brincadeira: "Para quê? Aposto como esse livro todo é para provar que os bandeirantes eram partidários do Dr. Getúlio Vargas". Estávamos, exatamente, sob o Estado Novo, na fase mais direitista do ditador, ali por 1940. Cassiano sempre me pareceu um homem da direita. Lembro-me de um jornal diário, dirigido por ele, o *Anhanguera*, órgão de um movimento bandeirista subvencionado pelo Governo de Armando Sales de Oliveira, com o propósito de fazer concorrência, em seu campo, ao integralismo.

Lembro-me também de que Mário de Andrade, então diretor do Departamento de Cultura da Prefeitura de São Paulo, assinou o manifesto que lançava esse movimento, fato que lamentei em uma revista de Minas, para maior horror de Mário, que já me detestava. Ele explicava aos amigos que fora compelido a assinar o manifesto para não perder o lugar em que acreditava (com razão) estar realizando uma grande obra, o Departamento Municipal de Cultura.

Mas, se eu estranhava a atitude de Mário, achava natural a de Cassiano, velho companheiro de Plínio Salgado, na *Anta*. Ele sempre me pareceu um escritor oficioso, escrevendo para o governo ou jornal do governo. Seu nacionalismo era coisa de caçar papagaios, com borrões de verde e amarelo – para lembrar os títulos de seus livros modernistas.

Soube que Cassiano acolheu com bom humor minha piadinha sobre seu ensaio. Muitos anos depois, quando fiz sua antologia e me correspondi com ele para acertar pequenas coisas, ficamos de nos encontrar para um papo tranquilo, mas isso não aconteceu.

Relendo agora seus últimos livros, confirmo a minha opinião de que raramente terá havido no Brasil um poeta com maior carga de emoção libertária e social. Por uma circunstância ou outra, essa fase da poesia de Cassiano não teve o impacto que merecia na juventude de nosso tempo.

"Quero escrever um poema/ no muro/ que dá para o amanhã...", disse ele a certa altura – e denunciava, a seu modo, a loucura institucionalizada do mundo moderno, com seus armazéns de bombas atômicas e seu desprezo pelo homem.

É verdade que seus versos estão longe da literatura que pretende fazer efeito político; era como que um anarquista lírico perdido no meio da rua, um bêbado falando sozinho entre o povo. Mas basta prestar atenção ao que ele diz para ver que ele tem momentos de alta beleza. E de força.

A CACHAÇA TAMBÉM É NOSSA

Um dia apareceu um deputado com um projeto de lei proibindo em todo território nacional o fabrico, o transporte, a venda, a compra e o uso da cachaça. Havia penas de multa e cadeia.
Não quero lembrar aqui o nome desse parlamentar infeliz. Ele falava, por exemplo, em nome da higiene. Não se lembrou de que sua lei obrigaria a gente pobre a beber álcool com água, ou sem água – que é a primeira coisa que qualquer sujeito da roça ou qualquer empregada da cidade faz quando não tem cachaça à mão.

*

O Brasil é o único país do mundo que não leva a sério sua bebida nacional. Embora seja uma indústria totalmente brasileira (ou será que uma dessas multinacionais já comprou alguma grande marca?) com uma enorme importância econômica, e que funciona em milhares e milhares de municípios, a cachaça não é levada a sério. O candidato a algum cargo público que falar em algum projeto a respeito dessa indústria será logo alvo de piadas sem fim.
Uma vez um amigo meu foi nomeado presidente do Instituto do Açúcar e do Álcool. Conversando com ele, defendi a conveniência de estudar uma política nacional da

aguardente; até então o Instituto ou ignorava a aguardente ou apenas tomava medidas para diminuir seu fabrico em favor de outros subprodutos da cana. Por que não estudar seriamente o problema da aguardente de vários pontos de vista, desde o da saúde pública até o da exportação? O bom homem me olhou desconfiado, como quem diz: esse Braga tem cada ideia! Depois comentou com um amigo comum a minha "piada" de cachaceiro...

    O resultado dessa mentalidade é que o brasileiro consome uma bebida geralmente má, de cheiro desagradável e contendo impurezas prejudiciais à saúde. Não há cuidado no restilo, e na maior parte dos casos a bebida é guardada em tanques de cimento. Não vamos exigir barris de carvalho para toda cachaça, mesmo porque temos várias madeiras que podem ser aproveitadas. O que eu sugeria ao meu amigo era uma fiscalização rigorosa da cachaça entregue ao consumo, para evitar a ocorrência de substâncias que podem causar danos sérios, como a cegueira. Além disso a classificação oficial de bebida pelo cuidado de seu restilo e pelo tempo em que é guardada em recipientes de madeira, como se faz em outras partes do mundo com outras bebidas destiladas. Isso incentivaria o bom fabricante e educaria o consumidor. O que acontece hoje é que o dono de um alambique que faz uma cachaça boa, logo que seu produto ganha fama, trata de guardar a "velha", verdadeira, para seu consumo e dos amigos, e "envelhece" a caninha para o comércio com o uso de corantes.

    Uma associação de produtores, amparada pelo Governo, poderia dar dignidade à indústria da cachaça, estabelecendo padrões de idade e qualidade (como se faz em outros países com o uísque, o conhaque, o vinho etc.), que teriam de ser respeitados, punindo-se severamente as fraudes. Só depois disso poderíamos pensar seriamente em exportação.

Mas qual! O Governo ignora pudicamente essa imensa realidade nacional que é a cachaça – a não ser para lascar impostos em cima ou proibir a venda aqui ou ali dentro de certos horários. E já estou a ouvir daqui o comentário daquele meu amigo que foi presidente do IAA, se chegar a ler esta crônica:

— O Braga quer salvar o Brasil com a cachaça...

*

Sim, cachaça faz mal, e quanto mais, pior. Mas foi com a cachaça que o brasileiro pobre enfrentou a floresta e o mar, varou esse mundo de águas e de terras, construiu essa confusão meio dolorosa, às vezes pitoresca, mas sempre comovente a que hoje chamamos Brasil. É com essa cachaça que ele, através dos séculos, vela seus mortos, esquenta seu corpo, esquece a dureza do patrão e a falseta da mulher. Ela faz parte do seu sistema de sonho e de vida; é como um sangue da terra que ele põe no sangue.

Homem olhando a janela alta

Por que sua janela é tão alta? É tão alta! Você não devia morar em apartamento, mas em uma casa com varanda, jardim e gato. Não precisava usar tranças, mas muitas vezes se vestiria de branco, principalmente de tarde, no verão, depois do banho. Precisava de piano? Sim, seria bom ter piano, mas também podia ser violão ou modesto bandolim; mas se fosse bandolim, você precisava ter tranças, fiquemos no violão; é verdade que piano seria melhor; eu, da esquina, ouviria tocar o piano...

Não, não bebi; estou dizendo as coisas que vou pensando, quem faz isso parece mesmo tonto. Você tinha de me escrever algumas cartas? Uma carta faz parte da pessoa que a escreve, e também de quem a recebe. Minha vida seria muito pobre se eu não tivesse algumas cartas suas guardadas. Imagino como deve ser sua letra – ah, sim, é claro, desista de pensar em me escrever à máquina!

Tem gente que vê uma carta escrita e então diz como a pessoa é. Isto é grafologia. Eu faço o contrário; eu vejo a pessoa, depois imagino sua letra. Você poderia me escrever uma carta dizendo as coisas mais simples: "Comprei hoje, na rua Visconde de Pirajá, um vaso com uma laranjeira-japonesa, conhece? É pequena, as laranjinhas são deste tamanho, quando maduras são vermelhas; também comprei dois vasos de glicínias, sendo uma roxa, outra cor-de-rosa;

aquele bombeiro que você indicou é de morte, consertou só a pia do tanque, disse que voltava, sumiu…"

Mesmo que você se esquecesse de dizer qualquer coisa sobre você mesma, eu veria você de corpo e alma, a alma pela sua letra, sua letra se confessando: "Sim, sou assim…"

Mas sua janela é tão alta! Fico triste na calçada, entre uma lanchonete e um açougue, atrás de uma árvore sem graça. Atrás de uma árvore sem graça um homem sem graça olha uma janela alta. A janela é um retângulo entre dezenas de outras do edifício retangular; mas no seu módulo íntimo ela tem as dimensões do sonho, e embora não esteja no último andar é a mais alta, é tão alta "que não se pode alcançar", como aquele rochedo da cantiga, em que se sentou a pobre viúva, com quem quereis vos casar? Não é com nenhum desses moços, nem será também com aquele homem da calçada. Ah, senhora, dizeis isso é porque não conheceis aquele homem, ele é mágico; acenai-lhe com um lenço branco de vossa janela alta, e ele, com um gesto, suscitará alvas pombas que virão até vós trazendo nos bicos pequenas flores; fazei-lhe um gesto de convite, e ele tomará uma inspiração profunda, abrirá os braços e virá voando até o vosso peitoril.

"Perdão, senhor, o peitoril de minha janela!"

"Perdão, senhora, eu não quis dizer nada de ousado."

Com o quê, quebrou-se o encanto e fiquei na calçada, vestido de terno escuro, com a barba crescida e uma vaga dor de dentes; e eu era um homem sem graça entre uma lanchonete e um açougue, atrás de uma árvore sem graça; um homem que olhou a alta janela, depois baixou a cabeça, caminhou lentamente, dobrou a esquina, lá se foi o homem.

VAMOS OUTRA VEZ PEDIR PERDÃO

Lembro-me de que lá em Cachoeiro antigamente minha mãe nunca deixava que se jogasse fora uma revista velha. Guardava-a num canto, dizendo:

— Isso lá na roça é tão difícil, uma revista colorida! As crianças ficam tão contentes quando chega uma!

Criada ela própria na fazenda, sabia dar valor a qualquer papel colorido, fosse uma revista, uma estampa, um folheto de propaganda.

Rara era a semana em que não vinha à nossa casa algum parente do interior para vender e comprar coisas na cidade. E, na hora de arrumar o picuá no lombo do animal para a viagem de volta, sempre metia em uma de suas bocas uma daquelas revistas guardadas por mamãe. Não importava que fosse velha ou nova: tinha figuras coloridas.

Sinto ainda hoje um vago remorso ao separar, para que levem embora, uma pilha dessas grossas revistas em papel couché, semanais e mensais, que se acumulam em casa, muitas delas trazendo, no encarte, *posters* coloridos. Mas a roça hoje é muito menos distante, e não só por causa das estradas e meios de transportes. Mesmo sem falar na televisão, que tanta gente vai ver à noite na fazenda ou no povoado, o homem do interior está há muitos anos sob a influência do rádio. A avalancha de papéis coloridos também chega até ele. Os sons e as cores invadem o interior do Brasil. A música sertaneja é uma criação de ricos artistas da cidade.

Comecei a pensar desarrumadamente estas coisas um dia destes. A televisão colorida pifara e me arranjaram, de remédio, uma outra, pequenina, em preto e branco, já um tanto gasta e desajustada. A bonita moça que dá as notícias no jornal noturno teve a cabeça alongada, como num retrato de El Greco, e o contraste excessivo deu à sua coleguinha de cabelos compridos umas olheiras mortíferas. Se o visual era triste, as notícias não eram melhores. Falava-se nas conversas dos ministros brasileiros com banqueiros e funcionários do Fundo Monetário Internacional. Anunciavam-me um maior achatamento salarial, e restrições, encarecimento, sacrifícios. E ainda por cima de moral baixo, pois ficava bem claro que toda a culpa era de nós, brasileiros, que gastamos demais, consumimos o dinheiro dos outros com bobagens: bilhões, trilhões jogados fora! Sim, aquele vídeo miúdo e de imagem oscilante e inquieta me fez sentir um vilão em véspera de ser longamente punido. Pois então, pensei comigo, fica provado que a televisão em cores é luxo: podemos aguentar muito bem tudo isto com um aparelhinho assim, em preto e branco, todo feio a dizer coisas feias. Homem é homem! Basta de luxos e fricotes, de amizades coloridas com o mundo dos ricos e dos poderosos e suas cintilantes mulheres.

    Imaginei, para começar, uma saudável campanha popular contra os últimos luxos e modas. Bem tenho sentido a insistência de amigas interesseiras a me perguntar – por que não compro um aparelho de videocassete? Acho que devemos proibir não apenas seu fabrico, montagem e importação, como também o funcionamento dos já instalados: que sejam quebrados a pauladas para que não deem o mau exemplo. Todas as bebidas estrangeiras proibidas: um povo que não tem a capacidade de se emborrachar pelos próprios meios merece algum respeito? Cinema estrangeiro também proibido, inclusive na televisão: temos tantos calhordas no Brasil, para que importar o Jota Érre de Dallas?

São pensamentos raivosos ou virtuosos estes que ora enuncio? Apenas sei que os pensei, e estão pensados. Baixemos a cabeça para pedir perdão mais uma vez ao FMI...

Não fui ao enterro do Zeca

Acho que todo mundo é assim: eu me acho um bom sujeito. Sou obrigado a reconhecer, porém, que tenho certa facilidade em despertar antipatias: sou desatento, mau fisionomista, e, não tendo intimidade, calado. Inimigos de verdade quase não tenho, nem tive; só para o gasto.

Mas não quero falar de inimigos. Quero falar desse tipo de sujeito com quem a gente se dá cordialmente através dos anos, com quem troca vagas amabilidades ou pequenos favores e que por acaso, um belo dia, a gente descobre que é contra a gente.

Um deles me causou uma grande surpresa. Um amigo me sugerira arranjar um emprego que não era muito bem pago, mas também não exigia muito trabalho: um bico. Eu não estava procurando outra coisa naquele momento. O tal amigo me explicou que arranjar o emprego para mim ele não podia, só ajudar. E perguntou se eu não conhecia ninguém na tal organização. Citou uns três nomes. Escolhi um, vamos dizer, o Zeca. "Ah, você é amigo dele? Pois então está ótimo: quem resolve é ele mesmo!"

Falei ao Zeca. O Zeca abriu-me o sorriso e os braços: "Mas é uma honra ter você aqui conosco! O velho Braga! O príncipe da crônica! É um grande prazer! Você sabe que não depende só de mim, mas não tem nada: hoje mesmo vou mexer com isso!"

E o bom Zeca logo começou a mexer, conforme apurei depois, contra mim. Eu lhe perguntara se não convinha eu falar também com outro diretor, ele disse que absolutamente, deixasse por conta dele.

Passaram-se semanas. Dois, três meses. Telefonei ao Zeca, ele me deu uma explicação, me obrigou a ir almoçar com ele na cidade (estragou minha praia) e me fez juras de amor. E assim foi cozinhando.

Um dia eu encontrei o tal amigo que me sugerira o emprego, e ele me perguntou: "Mas quem foi que lhe disse que o Zeca era seu amigo?" Fiquei então sabendo de tudo; de tudo não, porque houve detalhes que fui saber por outras pessoas. O meu amigo contara ocasionalmente a um outro diretor da organização que eu ia trabalhar lá, o Zeca prometera. O tal diretor, na primeira reunião, conversando com o Zeca, fez referência ao meu nome. O Zeca desconversou: "É, ele andou querendo vir para aqui, mas parece que já arrumou outra coisa..." E mudou de assunto.

Acabei arranjando o emprego por insistência, praticamente por exigência de meu amigo, contra as mais sutis e teimosas manobras do Zeca. Quando apareci lá para assumir, ele me esmagou com um abraço e fez questão de me oferecer outro almoço. Inventei uma desculpa e não aceitei.

Jamais descobri por que o Zeca não gostava de mim e fazia tanta questão de fingir que gostava. Estou usando o verbo no passado porque o Zeca morreu. Eu o vira um mês antes em um bar, e ele fizera tudo para que eu fosse para sua mesa. "Oh, velho Braga, príncipe da crônica!"

Não fui ao enterro. Acho que príncipe não vai muito a enterro. No dia seguinte encontrei uma velha amiga que tinha ido. "Por que você não apareceu?" Expliquei-lhe que, para falar francamente, eu não era lá muito amigo do Zeca. Ela perguntou o que tinha havido entre nós dois: alguma questão de dinheiro, de mulher? Respondi que nada. Ela então contou uma confissão que o Zeca lhe fizera pouco tempo atrás: que um sujeito que ele detestava, mas que detestava mesmo, era eu. Ela até perguntara o motivo, o Zeca dissera que motivo mesmo não tinha, apenas não ia com a minha cara; de qualquer modo podia garantir que eu não prestava para nada – e era "muito falso".

 Não digo que fiquei contente com a morte do Zeca; sou, conforme já expliquei, um sujeito de bom coração. Mas chorar também, não chorei. E se o Zeca continuar morto, como tem continuado direitinho estes últimos anos, vou acabar por considerá-lo, a ele também, um bom sujeito.

A GERAÇÃO DO AI-5

Em 1950 eu vivia em Paris fazendo crônicas e entrevistas para o *Correio da Manhã*. Uma vez disse a um colega francês que tinha vontade de entrevistar o poeta Jacques Prévert, então em grande moda não só pelos seus livros de poemas como por algumas letras de canções cantadas por Juliette Gréco, como "Barbara" em *Je suis comme je suis* – Paris estava no auge do existencialismo.

O colega me disse que nada mais fácil, pois sua própria mulher era muito amiga de Prévert, que ele estivera escondido algum tempo em sua casa durante a ocupação alemã. Encontramo-nos os três em um bar, e a certa altura o poeta começou a lembrar aquele tempo. O telefone da casa não funcionava, ou não merecia confiança, e era ela que fazia todos os contatos necessários: saía de bicicleta para comprar pão e rodava meia cidade. Perguntei-lhe se ela não tinha medo de ser agarrada por algum nazista e perguntei isso olhando seu corpo alto e belo, sua cara de dentes fortes e olhos brilhantes...

— Mas eu não tinha nem nove anos de idade!

Só então caí na realidade de mim mesmo: enquanto eu andava como repórter pelas montanhas da Itália, já trintão, já ido e vivido, aquela bela mulher era apenas uma menina magrelinha.

Lembrei-me disso outro dia em Brasília. Batendo um papo com uma jovem encantadora, neta de um amigo meu, fiquei surpreso ao ouvi-la dizer que gostava muito de meus livros. Perguntei-lhe qual deles preferia e ela disse: "Todos! eu li os cinco". Aí eu entendi: ela tinha lido, na escola, os cinco volumes de uma série didática intitulada "Para gostar de ler", em que a Editora Ática reuniu crônicas de Carlos Drummond, Fernando Sabino, Paulo Mendes Campos e minhas também – livrinhos adotados em muitas escolas do Brasil.

Coisa semelhante me disse uma estagiária (mas não aquela terrível "estagiária de calcanhar sujo" de Nelson Rodrigues) que veio me entrevistar no ano passado. Falou-se de idade, e ela disse: "A minha é muito fácil de guardar: eu sou da turma do AI-5. No ano que vem faço 20 anos".

Foi no dia 13 de setembro de 1968 que o presidente Artur da Costa e Silva assinou, dizem que contrariado, o infame Ato Institucional número 5; e logo morreu. Essa menina ainda mal sabia andar quando, depois dos "Três Patetas" (que de patetas não tinham nada), puseram no trono o general Emílio Garrastazu Médici, a quem sucedeu Ernesto Geisel, a quem sucedeu João Baptista Figueiredo, todos generais e mais ou menos gaúchos.

Quando fracassou o crime do Riocentro ela estava com pouco menos de treze anos; poderia muito bem ter ido lá, naquela arapuca sinistra, destinada a sacrificar sobretudo jovens e artistas. Amigos seus foram. Mas a geração do AI-5 parece ter uma secreta força. É certo que esses jovens começaram a amar quando já havia a pílula, e a gravidez deixou de ser uma doença venérea quase inevitável, e os antibióticos já afastavam os fantasmas antigos da tuberculose, que matava os poetas, e da sífilis, que os enlouquecia. Esses jovens falam dos esportes do céu, da terra e do mar. Mergulham, voam, esquiam, amam a floresta e as praias desertas. É certo que se aventuram um pouco pelas tentações e modas do mundo: inclusive drogas, é de jovens fazer tolices. Mas reagem. Surge-lhes de súbito pela frente o fantasma da Aids. Eles o superam, porque não vivem ao léu. Sinto nessa menina que vem me entrevistar e em alguns companheiros seus um fundo sadio de amor ao trabalho, ao estudo e à justiça social; querem saber como este mundo foi e por que é assim, por que há tanta gente rica e tantos miseráveis, tanta roubalheira e tantos fingimentos. Do fundo da minha descrença eu encontro uma secreta, desesperada esperança: gente assim e só gente assim pode criar dias mais limpos e racionais para o Brasil. Que Deus proteja essa geração do maldito AI-5.

QUEM GOSTA DE HOMEM

Antigamente, no tempo de *Fon-Fon* e do *Malho*, havia uma revista chamada *Vida Doméstica*, aqui no Rio. Ela publicava páginas e mais páginas de fotos de casamentos, festas de aniversário, essas coisas – e vivia disso. Um casamento não estava perfeito se não saísse na *Vida Doméstica*. Não era coisa de grã-finagem: era principalmente um hábito da classe média.

Hoje, que eu saiba, não há nenhuma publicação assim. Existem duas ou três (ou quatro) revistas, geralmente no formato 30 x 50, em papel muito branco e pesado, sempre com um título inglês. Mas as pessoas que aparecem ali são as mesmas que pintam também no Zózimo, no Swann, no Ibrahim ou na seção de sábado da Hildegard Angel. É evidente que elas não pagam nada; é gente do nosso soçaite. O jornal é distribuído gratuitamente pelo Correio a um número determinado de pessoas. Há algumas senhoras que comparecem fatalmente, e sempre na mesma postura, ou pose.

Uma delas me fez lembrar a raiva que ela despertou em um rapaz que andou preso, no tempo da ditadura, por suspeita de subversão. A princípio ele não podia receber livros nem jornais; depois, a polícia lhe permitiu jornais, mas só o Caderno B, ou Segundo Caderno, onde as notícias normalmente se limitam a coisas de arte e de mundanismo.

"Essa vaca dessa Fulana de Tal!", disse ele diante de uma foto da grã-fina. "Eu passando fome na Detenção e ela todo dia com retrato no jornal tomando parte num almoço ou num jantar, comendo feijoada no Hipopótamo, carneiro no Yunes, peixada no Candido's, bacalhau no Antiquarius... Como come essa vaca!"

Outro tipo de inveja ou despeito leva, creio, um conhecido meu que frequenta essas rodas sociais e artísticas a comentar, sempre que me confesso encantado pela graça ou beleza de uma determinada figura!

— É mesmo; pena que ela esteja tão apaixonada pela fulana...

Protesto, mas ele sorri. Falo de uma encantadora atriz da televisão, de uma alta dama da sociedade, de uma famosa cantora, de uma interessante milionária, e ele continua a sorrir de minha ingenuidade. Protesto: não é possível que essa também...

Mas ele fulmina: "Quem gosta de homem é mulher pobre".

O HERÓI COMPETENTE

Que me chamem de leitor retardatário e mesmo de retardado: só agora descobri um livro que já vai pela 18ª edição, *Cem dias entre céu e mar*, de Amyr Klink, o tal sujeito que atravessou o Atlântico Sul em um barco a remos de seis metros, fazendo cerca de 7.000 km em 100 dias. É um livro de aventuras reais – ou de uma só aventura sem nada de fantástica, mas fantasticamente estudada, calculada, dirigida. Há a hora do pânico: uma baleia de centenas de toneladas arremessa-se no ar e cai de costas perto do barco, num enorme estrondo. Também a hora do desânimo: depois de dias de navegação, ele descobre que está mais perto da África, mais longe do Brasil. A princípio resiste à vontade de falar sozinho, depois fala e canta à vontade. Num cargueiro, um momento de raríssima beleza: arco-íris da lua cheia... E as pequenas alucinações: o grunhido das gaivotas parece vozes humanas, há um enorme tubarão amarelo avançando no ar, antes de se desfazer entre as nuvens. E dias inteiros trancado dentro do barco, sem poder remar, ouvindo o rascar dos tubarões no casco. Um momento sensacional em que vê, dentro do olho de uma baleia, o seu pequeno barco refletido. Ele fala da solidão; decide, entretanto, que seria quase intolerável ter um companheiro a bordo, porque a fricção seria terrível. Tem pena dos peixes voadores, perseguidos pelas gaivotas e pelos dourados; estes, perseguidos pelos tubarões.

Aqui mesmo no Rio, poucas milhas fora da Ilha Rasa, vi tubarões avançarem nos dourados presos aos anzóis que a gente puxava. Baleias só vi de longe, de bordo de algum navio; no lugar do seu estrondo na água, vi e ouvi o estrondo de uma jamanta, cem vezes menor, junto a um barquinho do Marimbás em que eu estava, perto da praia, em Copacabana. Outro medo que tive foi perto da Ilha d'Âncora, em Cabo Frio; um monstro vir rolando à flor da água em direção do nosso barco... Era o estranho e inofensivo peixe-lua.

Estou contando estas modestas aventuras para manifestar minha inveja pelos feitos de Amyr Klink. Eu, que mal sei puxar o cordel de um motorzinho de popa, e não consigo empatar decentemente um anzol, não invejo nele as aptidões, a força, a capacidade física e mental para dominar toda a múltipla técnica exigida pelo seu feito fabuloso. Invejo mais a sua paciência, o seu moral, sua *performance* íntima, o profundo carinho com que fala do seu mar.

A certa altura Amyr Klink ironiza os astronautas dizendo que tudo que eles produziram como literatura de viagem até agora foi uma frase: *A terra é azul*. É verdade, mas devemos esperar mais. Os simples aviadores terrestres (de cabotagem, digamos assim) escreveram coisas belas como *Dans l'air* de Santos Dumont e *Terra dos homens* de Antoine de Saint-Exupéry, que eu mesmo traduzi. Uma das grandes páginas dali é a descrição, feita por Mermoz, das trombas marinhas que ele defrontou sobre o Atlântico: "Eram como pilares negros de um templo; suportavam, em seus cumes túrgidos, a abóbada escura e baixa da tempestade; mas, através dos rasgões da abóbada, feixes de luz caíam, e a lua cheia brilhava, entre os pilares, nas lajes frias do mar".

Camões narra, no Canto V dos *Lusíadas*, essa "cousa, certo, de alto espanto, ver as nuvens do mar, com largo cano, sorver as altas águas do Oceano".

Uma das grandes emoções de minha vida foi ver à tardinha do dia 12 de outubro de 1944, entre Nápoles e Livorno, uma chusma de dezenas de LCI (lanchas de desembarque, de fundo chato) fuçando o mar entre esses pilares de água e vento, num cenário fantasmagórico, levando mais de 10.000 jovens brasileiros pelo mar Tirreno para a guerra. Se por acaso ainda não viu trombas marinhas, Klink merece ver – ninguém mais do que ele merece.

Só não gostei, na biografia desse autêntico herói, de seu hábito, lá em Parati, de andar sempre de pé no chão, o que lhe vale na cidade o apelido de *Descalço*. Compreendo esse instinto de naturismo: é como se a terra pudesse nos transmitir, pelas plantas dos pés, misteriosas vibrações e forças primitivas. Eu também já fui nessa. Mas não foi por causa dessa mania que ele foi picado por uma cobra? Eu a desaconselho, com a humildade de quem adquiriu uma estrongiloidíase em Regência, da Barra do Rio Doce, e modestas lombrigas em Búzios ou Cabo Frio. (A gente não pode ser muito "ecologista" num país tão cheio de mosquitos e carrapatos; a natureza em tese é amiga, mas, na prática, é miudamente feroz.)

Mas comprem o livro: é sensacional. Afinal o Brasil, este país tão gelatinoso, canhestro, equivocado e incapaz, conseguiu ter o seu herói competente.

O EMPREGO DE FRIEDENREICH

Vim a S. Paulo no começo do mês e me hospedei em um hotel de Higienópolis. Fazia um calor tão forte que fiquei trancado no apartamento do hotel o maior tempo que podia, embora a refrigeração não fosse boa. Eu estava com o sono todo destrambelhado e quando o telefone tocou achei que era madrugada e custei a perceber que era coisa de cinco da tarde; a pessoa queria marcar um encontro comigo, e concordei. Ela disse alguma coisa sobre eu estar trabalhando no *O Estado de S. Paulo*. Quando voltei a dormir voltei também à redação do *Estado*. Não a de hoje, que não conheço, nem a anterior, mas a antiga, de mais de quarenta anos atrás, na rua Boa Vista. Eu descia a escada e vinha andando, no largo de S. Bento dobrava à direita e entrava em um café. Este café tinha duas coisas especiais. No fundo, várias mesas em que sempre estavam surdos-mudos a conversar com as mãos. Era o ponto de encontro deles. À direita de quem entrava, sentado atrás de um balcão, um mulato vendia passagens de ônibus interurbanos, jardineiras. O nome dele: Artur Friedenreich.

Isso era por volta de 1941; Friedenreich estava perto dos cinquenta anos e jogara até os quarenta e três, o que para um atacante é milagre. Tinha sido o melhor jogador brasileiro, sem discussão: um grande nome nacional, temido e respeitado em todo o mundo do futebol. Foi graças a isso – explicou-me alguém – que lhe haviam arranjado aquele emprego.

Eu olhava para Friedenreich com o maior respeito, mas nunca tive coragem de puxar conversa com ele. Eu ainda era menino quando ele fora com o Atlético Paulistano à Europa, o grande artilheiro da excursão em que o Paulistano ganhou todos os jogos, menos um em uma maldita cidadezinha; que se bem me lembro era Sète, na França. Campeão paulista, brasileiro e sul-americano várias vezes, ele estava ali, vendendo suas passagens, tranquilamente; enquanto os sinos de S. Bento badalavam e os surdos-mudos, lá no fundo, conversavam, com os dedos. Acordei novamente, pensando nessa particular visão de S. Paulo, o telefone tocava, e eu viajei meus quarenta e cinco anos de volta.

Noite de chuva em Sevilha

Eu ia descer no mesmo dia para Algeciras, rumo ao reino de Marrocos, mas chovia tanto em Sevilha na hora de escurecer que eu parece que ouvia lamentos da viola de Garcia Lorca no choro das águas, e sentia na penumbra o nariz de João Cabral de Melo Neto fungando os ares, e disse a Afonso XIII: pernoitarei aqui.

Não foi precisamente a D. Afonso, reconheço, mas ao porteiro do hotel que tem seu nome e que me haviam indicado como o mais conveniente ao meu conforto e condição, pelo seu pátio andaluz e seu salão mourisco. Ainda caminhei torrencialmente até o Alcazar, perambulei entre colunas, arcadas e ventanales, frisos caligráficos de azul-cobalto e capitéis califais. No Pátio das Cem Donzelas, entre 52 colunas de mármore, não havia donzela nenhuma; em vista do quê, saí, contornei a catedral encharcada de gótico na escuridão e desemboquei na rua chamada Sierpes, boa rua, uma rua do Ouvidor andaluza, viva rua, estreita e alegre, humana e sem carros, cheia de luzes e vozes. Mas chovia! Entrei num cinema, vi pedaços de um filme de faroeste dublado em espanhol, saí na esperança de lá fora haver luz, pois desde Roma e Lisboa eu estava vigiando a lua crescer e aquela noite devia ser de lua cheia, *luna lunera* sobre o Guadalquivir – qual lua cheia!

Agora a noite estava preta e havia era chuva cheia enchendo a noite e o ar; no meio das águas divisei a luz de um táxi, recolhi-me ao meu Hotel Afonso XIII, sentindo-me exausto e molhado e pensando – vou comer, dormir, morar aqui para todo o sempre. Mas quando desci do apartamento, todo limpo e barbeado, com roupas e sapatos secos, e enfrentei o salão do restaurante do hotel, havia lustres tão solenes e música de câmara tão grave e convencional como a careca de um senhor de preto que jantava tristemente ao lado de uma senhora feia no imenso comedor quase deserto; recuei até a portaria e com minha natural infidelidade resolvi jantar em outro hotel que divisei a trezentos metros de distância, chamado Cristina.

Molhei-me bem na travessia, mas tomei um trago para me restaurar e descobri que no subsolo havia uma bodega; bodega aliás era apenas seu nome, na verdade uma boate estritamente familiar. Quando entrei, um casal vestido de vermelho batia castanholas e dançava, não acho grave indiscrição dizer que a moça usava calcinhas brancas, pois isso se via perfeitamente no alto de suas pernas morenas cada vez que ela rodopiava com bravura enquanto o rapaz se entregava a um sapateado frenético. Depois, uma senhora com ares de cigana cantou algo flamengo – e foi aí que apareceu o famoso mágico internacional. Achei que era hora de sair, mas quando cheguei lá em cima a chuva era insuportável, total. Ao retomar meu lugar no balcão, vi que o mágico pedia a um cavalheiro que escolhesse uma carta e a rasgasse ao meio – mas isso evidentemente é história para outra crônica.

A INENARRÁVEL HISTÓRIA DE SEVILHA

Comecei a contar a história de uma noite em Sevilha com muita chuva. Um amigo me avisou; sua crônica não está de todo ruim, mas tem um defeito: chove demais. Pois saibam que não invento nem aumento nada: todos os jornais noticiaram as inundações de Sevilha naquele outono de 1961, o mais chuvoso de que há memória em toda a Andaluzia; quintas partes da cidade ficaram debaixo das águas, que formaram um largo rio na avenida e uma torrente impetuosa na minha querida rua Sierpes. Foi sorte não morrer ninguém, embora milhares de pessoas ficassem sem teto e a cidade algum tempo isolada do mundo.

Quando subi as escadas da Bodega e fiz uma circunavegação da cidade noturna, espantei-me com a força das águas e tive a intuição de partir para Algeciras às 5 horas da madrugada. Escrevi "tive a intuição" e me lembrei de um amigo, coitado, já morto, ou melhor, desencarnado, pois era espiritualista. Estávamos juntos todo dia, e volta e meia esse bom homem previa alguma coisa, dizendo: "tenho uma intuição de que..." O curioso é que quase sempre acertava; era dessas pessoas que possuem antenas sutis; e o mais estranho é que não intuiu coisa alguma no dia aziago em que fui encarregado pelo presidente da organização de lhe dar a triste notícia de que, por exigência do Governo Federal, ele ia ser posto no olho da rua, despedido sumariamente. Ficou abatidíssimo, talvez menos pelo golpe, que era cruel, que pela falta de intuição, que era de espantar. Só dois ou três dias mais tarde, já um pouco refeito do espanto e da dor, ele me disse ter a intuição de que aquilo ia abrir um caminho novo em sua vida.

    Estava intuindo errado, o pobre: morreu pouco depois, de repente – e, embora a morte seja o caminho certo de toda a vida, acho que não era bem o que ele esperava, pois me adiantara: "Vou mudar-me para o Noroeste", e afinal se mudou para o outro mundo.

    Como ia dizendo, saí de Sevilha debaixo de chuva, senti a madrugada empalidecer em Jerez de la Frontera – *ay, ciudad de los gitanos!* – e em estado de chuva saltei em Algeciras, e chovia compactamente em todo o estreito de Gibraltar, chovia do lado Mediterrâneo e chovia do lado Atlântico, e chovia fragorosamente em Tânger, e chovia...

    Encurtarei dizendo que está chovendo agora, e não creio que seja praticável contar história alguma debaixo de tanta chuva. Pena, porque quando aquela americana bêbada se ergueu, na boate de Sevilha, e avançou para o mágico alemão que acabara de engolir uma dúzia de lâminas gilete e lhe perguntou *do you speak English?* – não, não é mesmo possível contar essa extraordinária história de Sevilha, pelo menos hoje. Não creio que a conte jamais, pois toda história tem vez de ser contada, e acho que esta perdeu a sua. Também, chovia demais.

Visita ao morro da Mangueira

A *Mangueira* ganhou, este ano, vocês sabem; mas não vou falar da Mangueira de hoje, mas da que visitei há pouco mais de meio século. Para ser mais preciso: no primeiro semestre de 1935. Quem me levou lá foi Lúcio Rangel. Seria fácil saber o dia exato se eu fosse folhear os jornais da época. Isto porque o prefeito, que era o doutor Pedro Ernesto, compareceu, e porque *O Globo* daquele dia publicou uma notinha na terceira página dizendo constar em Nova York que a cantora Bidu Saião tentara o suicídio – o que, entretanto, fora desmentido. Além disso os arquivos da Escola não podem deixar de referir a festa, porque foi então que se fundiram as três escolas existentes no morro. Elas se chamavam Estação Primeira, Mangueira e Unidos da Mangueira. Cada uma desfilou por sua vez, e guardei na memória a letra cantada por uma delas, creio que a Unidos da Mangueira. Dizia assim:

"*O nosso pavilhão é uma beleza / É todo cor de ouro e azul--turquesa / São as cores mais lindas que nos deu / A Natureza...*"

A nova Escola trocou o ouro pelo rosa e o azul-turquesa passou a ser verde – o que, aliás, é uma tendência visível de todo azul-turquesa.
Houve uma homenagem a Noel Rosa, que lançara pouco antes o samba "Palpite infeliz". Todas as pastorinhas

cantavam o refrão *"Quem é você que não sabe o que diz"*... *"Salve Estácio, Salgueiro e Mangueira"* etc. e então um dos sambistas improvisava uma letra. Lembro-me desta, sugerida pela nota de *O Globo* daquela mesma tarde:

"Bidu Saião / um dia destes entristeceu / tomou veneno pra morrer / mas não morreu / Subiu no morro, encontrou lindas 'atriz' / Quem é você que não sabe o que diz"...

Noel Rosa era esperado, mas não apareceu, mandando dizer que estava doente. (Ele morreria tuberculoso em 1937.) Houve um discurso; o prefeito (que naquele mesmo ano seria derrubado e preso) disse algumas palavras. E afinal um sujeito deu um berro tremendo e lançou a grande frase: "Meus senhores, a Mangueira é um morro só!"

É evidente que o morro veio abaixo de emoção – e até eu, que não tinha nada com isso (nesse tempo morava no Catete), fiquei com os olhos úmidos. Eu sempre fui um bobo.

(1987)

HISTÓRIAS DE BALEIA

Comprei esse livro há muito tempo, mas só outro dia é que fui ler. É *A baleia no Brasil Colonial*, de Myriam Ellis, que o dedica a seu pai, Alfredo Ellis Júnior, historiador paulista que escreveu sobre bandeirismo, tem um livro chamado *Raça de gigantes* e fez parte do grupo verde-amarelo.

Myriam mergulhou no estudo das fontes, impressas ou manuscritas; não contente com isso, a autora se fez ao mar em uma baleeira japonesa, para "morar" melhor no assunto. Fiquei sabendo assim que, durante muito tempo, na Colônia, o pessoal só aproveitava a baleia quando uma encalhava na praia. Durante os meses do inverno sempre havia muitas que entravam nas baías, principalmente nos dias de vento Sul. Pois foi preciso mandar vir biscainhos, aqueles homens do golfo da Gasconha, para ensinar a matar e explorar baleias.

Parece que as primeiras armações para caçar baleias foram as de Itaparica, em frente à cidade de Salvador, no começo dos seiscentos. Do bicho aproveitava-se a carne para alimento do povo (guardava-se muito para a Quaresma seguinte), depois de salgada e metida em barris. O óleo, produto principal, era tirado do toicinho, que era posto a derreter em caldeiras "que ardiam dia e noite em uma casa e dissera melhor em um inferno, pelo perpétuo fogo, espesso fumo e nocivo fedor, com negros nus que... faziam figura de ministros de Satanás, ou de almas danadas", escreveu Brito Freyre. Acrescenta: "Destilada, a substância do toicinho se conserva líquida, e, segundo a baleia é maior ou mais pequena, dá trinta até quarenta pipas de azeite que, além de ter muito serviço para usos diferentes, alumia todo o Brasil..."

Uma parte do toicinho era consumida em torresmos: o óleo usava-se não só para alumiar como para fazer sabões, lubrificantes de engrenagens, breu para calafetar barcos, preparo de couros e peles, fabrico de velas, e também para compor a argamassa que se petrificava em combinação com a cal e fazia resistentes até hoje os muros coloniais. Os ossos eram usados para fazer móveis e na construção civil. Um viajante conta que no começo do século passado quase toda cerca de quintal em Salvador era feita com ossos de baleia. A gente mais rica só consumia a língua da baleia, para comer, e suas barbatanas para armações do vestuário, coletes e espartilhos das iaiás, penachos dos capacetes dos ioiôs.

Dona Myriam Ellis fez uma monografia de truz.

COMO SE FOSSE PARA SEMPRE

Haviam-me prometido pescadas soberbas e robalos deste tamanho, sem exagero; e até espadartes. Passamos o dia inteiro no barco e tudo o que matamos foi uma dúzia de humildes canguás. Eles visivelmente se esforçaram para se prender a nossos anzóis imensos; assim salvaram a honra desses rios e mangues entre São Vicente e Santos. Em memória do quê, um historiador presente declarou que o antigo nome de São Vicente era Canguás. Moradores locais negavam, furiosos, mas ele insistia na invencionice com sua autoridade de traça de Ms: "Até meados do século XVI ainda se escrevia – São Vicente, antiga Canguás – em todos os documentos. E sabe por que esse nome? Porque se viu que nessas águas só existia uma raça de peixe, o canguá".

Fosse como fosse, havia senhoras nos esperando na casa da Praia Grande. Como chegar da pescaria, nós todos, homens grandes e barbados, com tanto apetrecho e só com aqueles canguazinhos inocentes? Compramos algumas pescadas e chegamos em casa de cabeça erguida.

É bela, esta São Vicente, com praias mansas e praias bravas, com mangues e mar aberto. Se não caçamos mais peixe foi porque na maré de lua nova as águas sobem e descem com fúria demais. Mas caçamos o principal: este silêncio e esta brisa dos mangues entardecendo, esta garrafa de cachaça passando de mão em mão. Somos pescadores de sossego e

de amizade: pescamos a melancolia altiva da ponte pênsil, mas também a tristeza negra, humilde e longa dessa ponte baixa por onde passa o trenzinho que vai para o litoral sul. O japonês encosta o barco na margem. Comemos sobre velhas canoas, e o silêncio é bom nessa indolência de beira-rio. A vida é vaga, mansa...
Mas olho o chão. E vejo toda uma horda de siris minúsculos, cada um erguendo no ar uma puã única, mas do tamanho de seu corpo. Com essa patola gigantesca para seu talhe, esse caranguejinho parece um pequeno povo que gasta em armamento toda a sua receita. Ao longo da margem, a terra é toda crivada de buracos onde eles se escondem quando a gente – esse monstro, o homem – avança. A gente se afasta, eles saem dos *fox-holes* e enxameiam outra vez, puãs no ar, numa vida de guerra e fome.

Junto a um tronco vejo passar uma formiguinha vermelha. Carrega com esforço uma folha grande; caminha penosa, mas implacavelmente. Isto é a vida, essa teimosia obscura e feroz de cada dia. Um instinto sem finalidade além da vida mesma – a vida que se defende para se repetir em mais uma geração de siris, de formiguinhas ruivas e de homens, tropeçando nos mesmos enganos, avançando com a mesma sinistra obstinação... para quê?

O melhor é tomar mais uma cachaça, fumar um cigarro e dormir um pouco no bojo da velha canoa. Dormir de corpo largado, dormir bem solto, como se fosse para todo o sempre.

Um rapaz de Niterói

Foi o caso que 60 anos atrás fui morar em Niterói na casa de uma família que lia o *Jornal do Brasil* que uma jovem senhora era obrigada a assinar: ela era professora pública no Rio e todo funcionário do Distrito Federal tinha descontada em seu salário a assinatura do JB, que era órgão oficial da Prefeitura. (Foi graças a isso, dizem, que o grande jornal conseguiu formar seus cadernos de classificados, base de sua prosperidade até hoje.)

Acontece que tive de sair do ginásio em que estudava em Cachoeiro de Itapemirim. (Tive um incidente com um professor, fui expulso, depois o diretor disse a meu pai que eu podia voltar se pedisse desculpas, eu disse que preferia "ir trabalhar no comércio"; meu pai teve muita dificuldade em arranjar um colégio que me aceitasse no meio do quinto ginasial, afinal conseguiu o Salesiano de Santa Rosa.)

Meus contraparentes, os Paraíso, moravam na rua Lopes Trovão, em face do Parque de São Bento. Eu achava o parque uma beleza: com seu lago e suas árvores.

Andando uns quatro quarteirões eu ia toda manhã tomar banho de mar em Icaraí. Ali ainda não havia nenhum edifício: era tudo casa de moradia. Havia um simpático trampolim de madeira que depois foi substituído por um de cimento, que depois sumiu.

A água era limpinha e muitas vezes, com amigos de praia, eu dava uma nadada até o Canto do Rio ou até a Praia das Flechas, passando por fora da Itapuca. Eu tinha uma boa resistência para nadar, o que não era muita vantagem, porque andava pelos 15 anos de idade. Um cara lá chegou a dizer que ia arranjar para eu entrar de sócio atleta do Clube Icaraí, sem pagar nada; lá eu poderia treinar para participar da prova da travessia da Guanabara a nado. Isso foi já em 1929, mas aí tive uma sinusite, e adeus atleta. Em 1929 eu já cursava a Faculdade de Direito do Rio (rua do Catete), mas continuava a morar em Icaraí.

Lembro-me que àquela altura todo mundo se queixava do péssimo serviço de barcas da Cantareira; eu não dizia nada, mas achava ótimo; sempre tinha prazer em navegar na ida e na volta, com sol ou chuva. Em 1930 continuei no Catete e na Lopes Trovão, e só em 1931 me transferi para a Faculdade de Belo Horizonte, onde já estava meu irmão Newton. Assim, durante dois anos e meio, eu fui, a meu jeito, fluminense; meu retrato está lá, em quadro de formatura, no casarão do *Salesiano de Santa Rosa*, com aquela beca emprestada e aquela cara de pateta.

E de tudo isso, e outras coisas que aconteceram depois, ficou em mim um grande carinho por Niterói. Não cheguei nunca a atravessar a Guanabara a nado; não tive nunca namorada nenhuma no Parque de São Bento, nem na praia de Icaraí. Eu era um rapazinho feio e tímido, que lia Bilac e começava a ler Manuel Bandeira. Mas a imagem das árvores na lagoa do parque, as mansas ondas de Icaraí e o perfil distante das montanhas do Rio, tudo isso se associou em mim a traumas sentimentais que me atingiram forte, mas que a beleza e a suavidade de Niterói me ajudaram a sofrer.

Faço questão do córrego

Moça me telefona dizendo que tem de escrever um trabalho sobre crônicas e cronistas e me pede umas ideias. Estou fraco de ideias no momento. Ela insiste; quer saber, por exemplo, alguma coisa sobre a posição do cronista dentro da imprensa. A imagem que me acode é prosaica demais para que eu a transmita à moça. Dentro da engrenagem do jornal ou da revista moderna, o cronista é um marginal; é como um homem de carrinho de mão, um "burro-sem-rabo" dentro de uma empresa de transportes.
    Assim pelo menos me sinto eu, com esta minha velha alma galega, quando me ponho a trabalhar. Às vezes a gente parece que finge que trabalha; o leitor lê a crônica e no fim chega à conclusão de que não temos assunto. Erro dele. Quando não tenho nenhum frete a fazer, sempre carrego alguma coisa, que é o peso de minha alma; e olhem lá que não é pouco. O leitor pensa que troto com meu carrinho vazio; e eu mesmo disfarço um pouco assobiando; mas no fim da crônica estou cansado do mesmo jeito.
    A grande vantagem do leitor é que ele pode largar a crônica no meio, ou no começo, e eu tenho de ir tocando com ela, mesmo sentindo que estou falando sozinho. Ouço, em imaginação, o bocejo do leitor, e sinto que ele me põe de lado e vai ler outra coisa, ou nada. Que me importa: tenho de escrever, vivo disso. Mal. Está claro que não vou fazer queixas, e

pode ser que me paguem mais do que mereço; em todo caso é sempre menos do que careço. Nós, da imprensa, devíamos fazer como o pessoal da televisão: arranjar um patrocinador. Não há por aí um fabricante de pílulas que queira patrocinar um cronista sentimental? O leitor acabaria não lendo as crônicas, mas sempre engoliria as pílulas.

A esta altura vocês já devem estar desconfiados de que hoje não estou nada bom. E têm razão: confesso humildemente que estou com a chamada cachorra. A expressão é antiga, e não é bonita; mas eu é que não vou procurar outra. Ouço a cachorra uivar dentro de mim; e nem posso mais consultar o Prudente de Morais Neto, que é autor de um poema sobre o assunto. Falar nisso, um amigo me disse que certa vez encontrou o Prudentinho com seu guarda-chuva na rua da Candelária. Ficava-lhe bem, ao Prudente, a rua da Candelária. Calhava a moldura ao homem, que era um paisano arciprestal.

Mas por que dão nomes de homens às ruas, e não nomes de ruas aos homens? Eu acho que daria uma travessa triste, mas movimentada, como aquelas perto do Mercado; ou então uma rua qualquer de subúrbio, meio calçada, meio descalça, que começa num botequim e acaba num capinzal, e tem um córrego do lado.

Faço questão do córrego.

DE COISAS FÚNEBRES

Depois de certa idade, uma das seções do jornal que a gente lê com mais interesse é a dos mortos. Intitula-se "Falecimentos" no *Globo* e no *Estado de São Paulo* e "Obituário" no *Jornal do Brasil*. Esta é a mais bem feita, porque inclui frequentemente mortos de outros Estados e do exterior. A do *Estado* tem a vantagem de dar, quando o defunto tem certa importância, o nome de todos os seus filhos, noras e genros.

Os avisos fúnebres no *Estado* aparecem em uma página diferente; na página em que estão os "Falecimentos" há anúncios de igrejas com o horário de missas e cultos em pequenos quadros, coisa que não se usa no Rio.

Os anúncios fúnebres são ilustrados sempre por uma cruz, quando o morto era cristão, ou uma estrela-de-davi, quando judeu. Além de participarem a morte do parente, os judeus anunciam também a "descoberta da Matzeiva", uma solenidade relativa à colocação de uma lápide no túmulo, tempos depois do enterro; confesso que não entendi bem do que se trata. Sei que as pessoas não levam flores, mas pedras.

Os cristãos, além da morte, anunciam também missas de sétimo dia, de mês, de ano. *O Globo* estampa muitas vezes os preços dos avisos religiosos e fúnebres. Quatro centímetros de altura por quatro de largura (uma coluna) custam 1.420 cruzados, mas o menor anúncio costuma ocupar duas colunas, e custa 2.480. Aos domingos os preços são mais altos.

Meu Deus, estarei dando uma aula de jornalismo ou apenas confessando um de meus vícios senis? Não preciso explicar que esse tipo de noticiário refere-se quase sempre a pessoas de minha idade, ou pouco mais, e sempre tenho um irracional receio de um dia deparar com o meu próprio nome. Também posso confessar que sinto uma certa decepção quando não conheço nenhum defunto. Não é que eu deseje a morte de ninguém, mas é que, do ponto de vista do leitor, morto desconhecido não é notícia.

Ocorre-me contar qual foi o primeiro jornalista que conheci em minha vida. Eu era muito jovem e, vindo de Cachoeiro, me hospedei na pensão de uma tia minha, na rua S. Pedro – rua que por sinal não existe mais, tragada que foi pela avenida Presidente Vargas. Havia lá um senhor que me disseram ser jornalista. Tomei coragem e puxei conversa com ele. Chamava-se Esopo, tocava flauta e trabalhava na redação da *Noite* – um jornal importantíssimo na época. Perguntei-lhe o que ele escrevia, e ele me disse que, entre outras coisas, era encarregado de redigir o "Canhenho Fúnebre" do jornal. Era um homem solitário, simples, e seu problema era poder tocar flauta em um horário que não incomodasse os outros hóspedes. Várias vezes mudara de pensão por causa disso.

Confesso que tive uma pequena decepção com essa figura de jornalista (eu imaginava que todos fossem gênios e escrevessem coisas lindas), mas ainda assim fiquei com uma certa admiração e estima pelo sr. Esopo, sua flauta e seu canhenho. Até talvez um pouco de inveja.

Vamos parar por aqui. Sinto-me fúnebre e temo funestar o leitor. Adeus, vamos aos canhenhos.

(1987)

A SESTA DO PORTUGUÊS

Uma vez me perguntaram se eu conhecera alguém feliz. Lembrei-me de um português que conheci há muitos anos, em uma pensão do Catete. Era ou se dizia piloto mercante, mas estava em férias. Seu quarto tinha uma varanda; ele passava as tardes ali, de pijama deitado com a cabeça no colo da mulher. A mulher era uma morena razoável e seus dedos finos passavam horas acariciando os cabelos do homem.

Um dia o casal sumiu; soubemos então que o homem estava sendo procurado pela polícia por causa de alguma falcatrua, e além disso realizara a proeza de ficar devendo quatro meses de pensão. Um mandrião, comentou o porteiro lusitano.

Sim, era um mandrião; mas nunca, nem antes nem depois, homem nenhum me deu a impressão de ter tanta capacidade de ser feliz. Aquele merecia não fazer nada; deleitava-se em ouvir o canário do vizinho, tinha sempre um ar distraído e bem-humorado, e só chamava a mulher de princesa. Espero que jamais o tenham preso; era um tipo amorável e de boa paz, e me disse mais de uma vez: "Eu adoro o Brasil; a gente cá é muito boa".

Faço votos para que a nossa polícia não o tenha feito mudar de opinião.

Meninos e folhas de pita

O sultão Mulai Ismail pediu em casamento Marie-
-Anne de Bourbon, filha do rei Luís XIV e de Mademoiselle
de la Valière. Isso foi por volta de 1700. Não lhe deram a mão
da moça. O sultão deve ter ficado aborrecido, mas parece
que procurou se distrair; ao fim de seu glorioso reinado, que
durou 55 anos, ele deixou nesta cidade de Meknés cerca de
800 filhos.

Aqui, durante um século e meio, eram guardados os cristãos cativos; viviam dentro de um recinto murado, mas tinham suas liberdades; a certa altura eles se dividiam em quarteirões segundo suas nacionalidades, e tiveram licença para construir uma igreja capaz de abrigar 600 fiéis. Muitos foram resgatados a bom preço através dos anos; alguns, tendo perdido a fé nos parentes e amigos que não lhes pagavam o resgate, acabaram perdendo também a fé cristã, fizeram-se muçulmanos e se misturaram à população; os últimos foram libertados ainda no século passado, em 1816.

Altas portas e longos muros nos falam da glória de Mulai Ismail; sempre gosto de saber os nomes dessas belas portas marroquinas, e se um dia publicar um livro de versos o chamarei certamente *Bab Er Rih*, o que, em língua cristã, quer dizer Porta dos Ventos.

Corro a medina, e, como sempre, me detenho a ver o trabalho dos artesãos. Vi-os em Fez, aos milhares, a trabalhar com extraordinária minúcia e agilidade o couro, o ferro, o cobre, a palha, o barro, a madeira, a lã. Aqui encontro um que enche a borda e o centro de grandes bandejas de aço ou de cobre com desenhos em fio de prata. Ele reproduz cada traço na direção e na espessura certas, e acerto com ele trazer desenhos do Brasil para sua oficina estreita e escura.

Mas saímos ao vento, e alguns quilômetros adiante vamos visitar Volubilis, cidade romana, onde mandou um neto de Cleópatra e Marco Antônio que Calígula haveria de mandar matar por pura inveja. Aqui está erguido um arco de triunfo em honra de Caracala, há muralhas de Marco Antônio, e houve monumentos de Cômodo, mas as obras de arte mais preciosas foram levadas para o Museu de Rabat. Resta-nos ver os muros e as colunas de mármore de capitéis variados, os mosaicos do ano 200: os trabalhos de Hércules, Orfeu de lira em punho, cercado de animais, peixes imaginários no fundo de uma piscina, um palhaço de circo montado em um cavalo de frente para a garupa. As oliveiras, altas como sobreiros, que vimos no caminho já existiam naquele tempo, e também o trigo, que neste mês ainda tem a altura do capim: aqui estão as pedras em que a azeitona era espremida e o trigo moído.

Subimos depois a Mulai Idrias, alcantilado burgo onde viveu o santo que foi o primeiro príncipe árabe do Marrocos, bisneto de Fátima, a filha do Profeta, e de seu fiel amigo Ali. Lembra San Gimigniano, com ruas ainda mais estreitas e mais bruscas, onde não pode subir o carro. A paisagem lá de cima é maravilhosa, e as muralhas falam de guerras antigas, povos que aqui viveram e lutaram... Mulai Idrias não deve ter mudado muito nestes últimos mil anos, e esses meninos bérberes que saltam pelas ruas são para mim misteriosos e distantes como seus remotos avós.

Mas numa curva de caminho paro para sorrir: criança é a mesma coisa em qualquer parte do mundo, desde que o mundo é mundo: um bando de moleques desce o dorso verde de um morro, cada um sentado em sua folha de pita, rindo, gritando, exatamente como fazíamos nós, moleques de Cachoeiro de Itapemirim, há sessenta e tantos anos, nos altos do açude do Amarelo, no morro lá atrás de casa...

Rita Lee

Não me lembro mais o que ela cantava, nem sei mesmo se cantava, sei apenas que ela se agitava junto à orquestra com as coxas incessantes e uma extraordinária graça. Foi no tempo dos Mutantes. Depois descobri que tinha uma vozinha fina e delicada de moça brasileira de boa família do interior, e isso fazia contraste com todo o seu visual cheio de sotaque.

Rita Lee! Era careteira e moleque e cantava com os Tutti Frutti falando de *Miss Brasil Dois Mil* "que trabalha em S. Paulo e tem férias no Rio". Dizia que agora "é moda sair nua em capa de revista, e achar que tudo é uma pobreza".

"Suspenderam os jardins da Babilônia, e eu, pra não ficar por baixo, resolvi bater as asas para fora. Não é de hoje que estou aqui tentando voltar pro lugar de onde nunca saí, eu já fui pedra, eu já fui planta, eu já fui bicho, eu sou uma pessoa dividida pelas vidas que vivi! Eu faço parte do povo"... lá ia essa Rita Lee dizendo coisas para cá e para lá com muita desenvoltura, fazendo uma espécie de crônica misturada com poesia, "cercada de ouro por todos os lixos, no meio do mato andando na rua, em cima das nuvens, ouvindo um disco, do lado oculto de todas as luas".

E falava em fugir de casa, andar na beira do abismo... Foi mais ou menos a essa altura, ou pouco depois, que levou uma cana, foi metida por dez, quinze dias num imundo xadrez cheio de ladras e assassinas, sob uma acusação qualquer de maconha. A ditadura militar brasileira mostrava o seu lado mais torvo: fulminava aquela moça grávida com uma ferocidade ridícula. O que incomodava aqueles senhores adeptos de cadeias e torturas era o ar de liberdade, o desafio da graça e do espírito de Rita Lee.

Sabeis a sequência: a moça casou, teve um filho, teve outro e mais outro e começou a compor e cantar com seu homem. "Se por acaso morrer do coração é sinal que amei demais; mas enquanto estou viva, cheia de graça, talvez ainda faça um monte de gente feliz!" E fez, cantando a saudável alegria do amor carnal, reinventando essa coisa antiga mas ainda empolgante que é o amor de homem e mulher, com seus sexos opostos – "nós dois numa banheira de espuma, *el cuerpo caliente um dolce farniente*, sem culpa nenhuma". Ainda dizia que "toda lenda é pura verdade, o mundo é dos que sonham", mas confessava: "Me cansei de como ter um mundo melhor, vou é cuidar mais de mim" e então "desmaio nos seus braços, me aqueço em seus mormaços, antes durante depois estou perdidamente apaixonada por nós dois".

Mas isso é apenas o começo: ei-la pedindo lança-perfume, dizendo: "me faz de gato e sapato, me deixa de quatro no ato". Em *Bem me quer*, ela é "maria-sem-vergonha do seu jardim", e em *Baila comigo* quer ser índio "num eterno domingo, se Deus quiser um dia eu acabo voando".

Conheceis o resto: "você me deixa cabreira, sem eira nem beira... eu me desmancho toda, o resto que se exploda..."

A coisa mais bonita que já se escreveu sobre ela foi esta de Nirlando Beirão: "estrela solitária do desbum, estandarte do prazer, deusa de todos os verões, até os da alma..."

No verão 82-83 eu a vi na Urca e depois num ensaio no D. Bosco, em Vitória, e ela estava magra demais. Acho que nem os 50 quilos que foram seu peso muito tempo, e isso para uma pessoa de 1,70 de altura. Na entrevista que deu à Globo em Salvador, aparece encaveirada, isso me dá aflição, sinto bater dentro de mim o coração italiano de dona Balbina, sua mãe – e é como se ela carregasse nas magras costas 60 toneladas de equipamento e 10.000 watts de som, e a banda, e os projetores e canhões de luz, passarela de 30 metros com elevador de onde ela emergirá – primeiro a mão com um comprido indicador apontando as gambiarras... perdão, acaso eu disse gambiarras? então está dito: gambiarras; ponhamos Rita Gambiarras Lee, coração de magra leoa faminta de luzes.

É doce escrever bobagens assim, ela inspira isso. Depois de se dizer bonita e gostosa no tempo da Babilônia, declarou a Geraldo Mairynk que não era nem uma coisa nem outra. Não é mesmo bonita, jamais poderia ser chamada de bela – mas com que frequência é linda! E bem desenhadíssima, os membros longos – e altamente autoproduzida, ela acerta da maneira mais fina nas roupas mais extravagantes, parece ter uma tendência para a cor cenoura, como se moveria bem no Moulin Rouge ao lado de Jane Avril e Valentin-le-Désossé, desenhada a esfregaços de bastonetes de pastel por Degas ou Toulouse-Lautrec! De ambos tem o humor entre o prosaico e o maravilhoso, sob a sagrada luz das gambiarras!

Mas sua lição principal há de ser de alegria – as pessoas me dizem que gostam de ver e ouvir Rita porque ela diverte, faz rir. Eu entendo isso, estou há muito tempo enjoado de um certo ar solene e fatal de certas cantoras brasileiras que parecem se achar supremas e sensuais e são, além de viciosas, de uma vulgaridade mortificante – aquele truque que uma delas tem de sempre mostrar a coxa, que pobreza! Mas não é preciso falar mal de ninguém para falar bem de Rita Lee, o que é simpático nela é ser tão caçoísta, como se dizia antigamente; até de si mesma caçoa.

Vou entrevistá-la e redijo perguntas ao acaso:

"Se estudou balé. Quem faz a coreografia de seu show, a marcação de seus movimentos em cena? Ensaia gestos e caretas ao espelho? Quando menina teve a consciência de poder ser engraçada?"

A declarante disse nunca ter estudado balé. Ela mesma inventa o que faz. *O santo baixa, Isadora Duncan baixa, a cigana baixa, e eu danço conforme a música. Adoro ter um espelho em minha frente para experimentar caras, bocas e caretas. Sempre fui a palhaça da classe, nunca a cê-dê-efe.*

A perguntas subsequentes, de caráter racial, disse que do lado paterno tem 50 por cento de sangue índio (*cherokees*) e 50 por cento escocês (Stewart). Que sim, os ossos de sua cara são do avô índio. Sim, tem muitas sardas e não as combate, muito pelo contrário; que seus cabelos são da cor natural – castanho-avermelhado. Que não, não faz regime para emagrecer e gosta de ser magra assim:

— *Para voar mais alto.*

R.B. — Tem consciência de que ajuda toda uma geração de brasileiras a se libertar do peso de uma porção de preconceitos e bobagens?

R.L. — *Nunca parei e sentei para refletir sobre isso, mas sei disso. Sou muito mais consciente de minha relação com as crianças, que é uma transa de aquariana ligada mais ao futuro.*

(Rita, que fez 35 anos no último 31 de dezembro, nasceu sob o signo do Capricórnio, com ascendente Aquário. Eu também sou Capricórnio, mas nasci com certa precipitação e acabo de fazer setenta.)

Rita tem três filhos, o menor de um ano e meio. Tenho amigas que gostam muito de Rita Lee, mas não comprariam seus discos se não fossem obrigadas pelas crianças, que ouvem e cantam sem parar seu último *hit*.

E como estamos em Vitória do Espírito Santo eu lhe pergunto por que não faz um agrado a nós, capixabas, indo ao Convento da Penha ou elogiando a moqueca local?

Responde que é porque o convento é muito longe, não deu tempo de ir, mas irá quando vier aqui a passeio. Quanto à moqueca, responde, por escrito, é D-E-M-A-I-S!

O que não lhe perguntei foi se seus olhos eram azuis ou verdes, ou tremendamente violetas. Sejamos discretos. O que não falei foi de sua voz e de sua maneira de cantar, pois não entendo dessas coisas, mas não se esqueçam de que João Gilberto lhe deu aval. Eu por mim apenas sei da extrema simpatia de sua voz, que faz tantas doces curvas no ar, e se entrega a encantadores vocalises – são vocalises? que são vocalises? não seria melhor dizer vocais, ou modulações?

Oh, Rita Lee, você faz o nosso Brasil menos pesado, menos burro, você (entretanto às vezes melancólica) também é uma alegria do povo, obsessão das crianças, encanto de nós todos homens, a Pátria lhe será grata, *ossa mea non possidebis*, Tertuliana, frívola peralta.
Adeus, ruiva andorinha.

(1983)

Havia um pé de romã

Se uma criança pudesse fazer o mapa de uma cidade – pensava eu, olhando o pé de romã –, ele teria menos casas e mais árvores e bichos. A romã, por exemplo, está estritamente ligada à carambola, na minha coreografia íntima. Eu conhecia essas árvores de um só quintal da cidade; eram como que uma propriedade específica de certa família amiga. Nossa própria casa tinha alguma importância devido à fruta-pão e aos cajus, mas, do ponto de vista infantil, sua grande riqueza estava na saboneteira, árvore que produz a baleba ou bola-de-gude, ou bolinha-preta. Cinco dessas bolinhas-pretas eram trocáveis por uma de vidro, dessas que se compram nas lojas; essa taxa de câmbio é, mais ou menos, de 1923; talvez já não vigore hoje. Para nós, da casa, a saboneteira era uma riqueza natural, uma qualidade intrinsecamente nossa, de nossa família; algo assim confusamente como um baronato. Naturalmente não éramos a mais rica família da cidade; havia, por exemplo, a chácara do dr. Mesquita, que tinha mangas soberbas, defendidas por imensos cachorros. Mesmo saboneteira havia uma, talvez mais famosa que a nossa, no sobrado do Machadão, onde era o telégrafo, e onde também morava nossa professora; sobradão cauteloso, pois a calçada da rua, ao chegar a ele, subia uns dois metros de um lado e descia do outro, de maneira a que nem o térreo pudesse ser atingido por uma enchente do rio.

Uma das árvores que tinha mais prestígio era uma oliveira. Era só um pé, e estava nos altos do Jardim Público, perto do chamado Banco dos Amores. Não dava frutos. Não sei quem teve a fantasia de plantá-la em lugar e clima tão impróprios, mas de algum modo era importante haver em nossa cidade uma oliveira, árvore que produz azeitonas, azeitonas que produzem azeite; tudo isso era cultura para nossa infância.

Fiquei comovido quando soube que a nossa palmeira ao lado da varanda era uma tamareira; também era importante possuir uma tamareira, embora as tâmaras fossem insignificantes. Um tio nosso tinha prestígio devido ao cajá-manga; outro, morador longe, na Vila, devido aos jambos.

Havia as frutas sem dono, vulgares: mamão, goiaba, araçá, jenipapo, ingá. Mas que prestígio tinham as romãzeiras da casa das Martins! A gente gostava mais de carambola, mas a romãzeira, como era linda a flor! A fruta se rachava de madura no começo do verão...

Penso em muitas coisas aqui, neste chuvoso domingo, olhando um pé de romã no quintal de uma cidade estranha; em mais coisas do que jamais conviria lembrar na manhã de um domingo chuvoso, depois de tudo o que houve, e o que não houve, no tempo que passou.

São Paulo e suas moradas

Outro dia eu estava pensando nos lugares em que morei em São Paulo e pensei em escrever sobre isso, mas aí me bateu uma série de recordações tão tristes e atrapalhadas que fiquei perplexo. *As amargas, não...* foi o título que Álvaro Moreyra deu ao seu excelente livro de memórias. (E já era tempo de reeditar Álvaro Moreyra.) Pois quando a gente começa a pensar nos tempos antigos aparecem tantos detalhes amargos que desanimam.

Não tem sentido contar umas coisas e omitir outras – fraquezas, humilhações, injustiças, histórias que podem comprometer terceiros ou (o que é pior) terceiras, mesmo, ou principalmente, quando se trata de pessoas já mortas. Não quero sugerir que me aconteceram graves histórias, mas sinto um invencível constrangimento em recordar certas coisas – o que, aliás, é muito saudável, pois a minha memória é um tanto arbitrária e infiel, segundo já me provaram ou tentaram provar.

O primeiro lugar em que me hospedei em São Paulo foi no Hotel Pensão Piracicabano, na rua D. José de Barros, e lá me dei mal. Na praça Júlio de Mesquita, defronte daquela fonte com uns camarões, fui vizinho de Oswald de Andrade, e na cobertura dele ouvimos o discurso de Getúlio lançando o Estado Novo. Fui vizinho também de Clovis Graciano, na rua Barão de Duprat, lá embaixo, perto do Mercado. Dividi um apartamento com Arnaldo Pedroso d'Horta na Vieira de Carvalho, e outro com Jorge Amado na praça Marechal Deodoro. Aluguei um apartamento na avenida São João sem reparar que uma janela do meu quarto dava para área central do edifício e lá no térreo havia um jogo de sinuca através da madrugada, e o som subia com perfeição.

Na rua da Consolação morei perto do Cemitério, mas do outro lado da rua, em que havia uma fábrica de colchões que se chamava Ao Dormir Sorrindo, ou Ao Sorrir Dormindo. E pela manhãzinha vinha um homem tangendo umas cabras para vender o leite tirado ali na hora.

Lembrei destas e outras coisas quando um amigo há meses me deu um endereço e explicou que aquilo ficava no Itaim Bibi. Achei graça no nome e ele me disse que lá era vizinho do crítico Antonio Candido. Claro! exclamei. Onde mais poderia morar Antonio Candido a não ser no Itaim Bibi, que parece título de uma crônica de António de Alcântara Machado, de um conto de Mário de Andrade ou de um poema de Oswald?

Itaim Bibi! São Paulo não mudou nada.

Chamava-se Amarelo

Nasci em Cachoeiro de Itapemirim, em uma casa à beira de um córrego, o Amarelo, poucos metros antes de sua entrada no rio Itapemirim. Eu devia ser ainda de colo quando meu pai derrubou essa casa e comprou outra do outro lado do córrego. Desde muito pequenos, antes da idade de se aventurarem pelas correntezas do rio e depois pelas ondas do mar, os meninos da casa brincavam no Amarelo.

A gente passava as horas de folga ali, pescando de anzol quando o córrego estava cheio, ou de peneira, quando ele estava raso. A fauna não era muito variada: piabas (que no Espírito Santo para o Norte é o que no Sul chamam de lambari); carás dourados, um peixe de fundo que a gente chamava moreia, e que não pinicava a isca, dava um puxão longo e inconfundível; outro de boca maior chamado cumbaca; pequenos mandis que ninguém comia e duas ou três espécies de camarão, entre os quais um que a gente chamava de lagosta porque tinha para mais de vinte centímetros.

Até hoje me lembro dessas lagostas de água doce aqui no Rio, quando vejo, depois do jantar, nas noites quentes de Copacabana, quantas mulheres e moças saem à rua, ficam zanzando na calçada da praia, tomando a fresca. Nossos lagostins vivem sistematicamente na oca, debaixo das pedras, mostrando apenas os bigodes sensíveis e as puãs; mas o calor em Cachoeiro é tão forte que às vezes, de tarde, eles saem passeando lentamente na água rasinha sobre a areia, se mostrando.

Conhecíamos o nosso pequeno trecho de córrego palmo a palmo, desde a cachoeirinha em que ele se despencava do morro até a beira do rio – cada pedra, cada tufo de capim, cada tronco atravessado, cada pé de inhame ou de taioba. Os peixes maiores – robalos, piaus, traíras, piabinhas – não o subiam, e era raro um bagre pequeno. O peixe maior que peguei numa peneira me deu o maior susto de minha vida; um amigo ou meu irmão cutucava com um pau todo bicho que estivesse debaixo da pedra, para espantar, enquanto eu esperava mais abaixo, com uma peneira grande. Quando levantei a peneira, veio o que me pareceu uma grande cobra preta saltando enfurecida em minha cara; era um muçum, que atirei longe com peneira e tudo, enquanto eu caía para trás, dentro d'água, de puro medo.

Um pouco para cima o córrego formava um açude fundo, que em alguns lugares não dava pé. De um lado havia árvores grandes, de sombra muito suave, de outro era a aba do morro. A gente escorregava do alto do morro, pelo capim, cada um sentado em uma folha de pita – tchibum na água! Com troncos de pita ou de bananeira, improvisávamos toscas jangadas amarradas a cipó. O córrego e seu açude eram uma festa permanente para nós.

O açude não existe mais.

O açude não existe mais e o córrego está morrendo. Sempre que vou a Cachoeiro o vejo, porque nossa casa continua a mesma. Há coisa de quatro meses estive lá, e fui até a ponte dar uma espiada no córrego. Embora no último inverno tenha chovido bem por aquelas bandas, o Amarelo estava tão magrinho, tão sumido, tão feio, que me cortou o coração. Era pouco mais que um fio d'água escorrendo entre as pedras, a foz quase entupida de areia.

    Havia um sujeito qualquer parado ali, puxei conversa com ele, ele disse que é isso mesmo, o córrego parece que está sumindo, nos anos de muita seca até já para de correr, ficam só umas poças e laminhas. Nas grandes chuvas ele é uma enxurrada grossa, vermelho de barro, açambarcando margens; mas depois definha, definha até quase morrer de sede.

    Lembro-me, quando menino, eu ouvia falar com espanto e achando graça de uns rios do Nordeste que sumiam na seca, a gente podia andar pelo seu leito; não acreditava muito. O Amarelo está ficando assim.

    O Brasil está secando. A gente lê nos jornais artigos sobre desflorestamento, necessidade de proteger os cursos de água, essas coisas que desde criança a gente sabe porque lê nos artigos de jornais.

    Mas agora eu sei: eu sinto. Nem sequer pretendo chamar a atenção das autoridades etc. etc. sobre a gravidade do problema etc. etc., que exige uma série de providências impostergáveis etc. etc. Aliás Fulano de Tal já dizia que no Brasil o homem é o plantador de desertos etc. etc. etc. etc. etc. etc. etc…

    Não, esta crônica não pretende salvar o Brasil. Vem apenas dar testemunho, perante a História, a Geografia e a Nação, de uma agonia humilde: um córrego está morrendo. E ele foi o mais querido, o mais alegre, o mais terno amigo de minha infância.

As Ilhas Altas

Colombo descobriu a América; eu descobri as Ilhas Altas, ao largo de Copacabana e Ipanema. Pode ser que muita gente, antes de mim, as tenha visto; mas, que eu saiba, nunca ninguém disse nem escreveu nada a respeito. Descobri-as, portanto, por minha conta, pelo meu costume de estar sempre olhando o mar. Tenho várias testemunhas, e citarei Paulo Mendes Campos, que já as enxergou e as mostrou a outras pessoas.

Para falar verdade, tenho descoberto muita coisa no mar – eu, que sou apenas um homem de praia. Em Ipanema descubro jamantas imensas, e já enxerguei, próximo à arrebentação, por duas vezes, indiscutíveis tubarões – estou falando de tubarões, e não de botos traquinas. Mas as Ilhas Altas são minha melhor descoberta. Assim, pois, concito os povos de Copacabana e Ipanema a olharem com assiduidade o mar, com os olhos de quem procura disco voador voando baixinho. Mas antes de encontrar as Ilhas Altas é preciso cada um se familiarizar com a visão das outras, as comuns – as Tijucas, as Cagarras, a Redonda, a Rasa, a Contunduba e as elevações do outro lado da entrada da barra. Porque acontece que quem não está acostumado a ver, a ver reparando no que vê, não verá as minhas Ilhas Altas. Ou verá mas não achará nada de estranho – pois não saberá que está vendo ilhas que não existem, ou melhor, que não existem assim como aparecem.

É apenas nos dias de muito sol e mar manso que as tenho visto – quando no horizonte marinho há uma faixa de ar trêmulo. Então ali se projetam ilhas com penhascos soberbos, altas, nítidas, fabulosas. Têm, como as outras, o violeta sujo das penedias, o verde-escuro das árvores, tudo azulado pela distância; mas seus costões são verticais ou reentrantes, convexos, roídos pelas espumas, e se aprumam com uma fidalguia soberba no horizonte – penhascos de lenda, majestosos, fascinantes. Duram minutos, talvez uma hora, e depois se perdem numa bruma seca, vagamente.

Olhem, pois, meus irmãos, o horizonte marinho. Não perderão nada – o mar é sempre belo quando brilha ao sol, às vezes pula um peixe de prata, num salto sensacional; e todos os navios são bons de ver, até a traineira humilde que reboca um barquinho e vai para o Sul, o madeireiro chato e lento que vem carregado de pinho. Olhem o mar – um dia verão minhas Ilhas Altas, e verão que são belas. Se não as virem, ainda assim olhem o mar – porque ele ensina apenas força e liberdade.

LÁ VAMOS NÓS

Lá vamos nós pela estrada, Portugal arriba, e é tempo de vindima. Lembro que em Moledo do Minho tem casa Antônio Pedro, pintor, poeta, homem de teatro, um amigo. Fomos vizinhos em São Paulo há 23 anos, e com ele e Carlos Lacerda fiz uma viagem pelo litoral sul de São Paulo. E me lembro que em Ribeira do Iguape ele dizia, enlevado: "É Minho, isto é Minho, puro Minho" – um Minho estranhamente habitado por japoneses...

Encontramo-nos. Estamos naturalmente mais velhos, e gordos, e ele tem barbas. Recebe-me com a alegria e a simplicidade de um fidalgo aldeão, e me apresenta sua simpática mulher, que eu só conhecia de um retrato antigo, de Arpad Szenes. Digo-lhe que vamos à Espanha, até Santiago de Compostela, estaremos de volta em dois dias. "Então na volta almoçam conosco."

Assim é feito. Entramos em um barco, subimos o Minho, vamos almoçar em uma ilha entre Portugal e Espanha. É um vasto almoço português, com vinhaças, começando por uma frigideira de centola, acabando num toucinho-do-céu. Estão comigo o deputado Nelson Carneiro e sua encantadora senhora e um amigo deles, o bom sr. Viana, de Braga, que é brasileiro, isto é, viveu no Brasil. Antônio Pedro convidou três casais portugueses e uma sobrinha sua, lânguida, de Cabo Verde, já com jeito de mulatinha clara brasileira. Comemos sentados na relva, o dia é lindo neste começo de outono, com um vento fresquinho vindo de nordeste; cochilamos à sombra das árvores... Depois fico sabendo que esta ilha, da Beoga, e mais outra menor a jusante, a dos Amores, são dos brasileiros Almeida Braga – e eu, Braga pobre, a comer, a beber e a dormitar feliz em relvas de um Braga rico!

 Mas temos de partir. Quando nosso barco se afasta, Antônio Pedro fica na ilha, sob as árvores entre duas senhoras gordas, a nos acenar. As águas do rio brilham, e a visão daquele amigo bom, que eu não via há tanto tempo e talvez não veja mais, aquele homem alto e gordo, de barbas que lá ficou na ilha, a nos dizer adeus, essa visão me comove. Adeus! Pode ser que uma parte da emoção venha do vinho; mas uma parte, apenas.

 Volto ao Brasil, desta vez para ficar. Estou no Rio há três semanas, e essa bruma seca, desagradável, encardida, feia, envolve a cidade. O Rio costumava ser lindo antigamente, neste tempo do ano! A beleza da cidade desfalece, murcha, sob essa luz sem vida. Há seca em quase todo o país... Estamos virando Nordeste, e um Nordeste sem luz. Será culpa de explosões atômicas, das queimadas que entretanto sempre houve, do governador do estado, de todo esse perigoso, inquietante mormaço político? Todos somos culpados e vítimas, e todos fazemos caretas nessa claridade baça e vil que vem do céu. Não, não acredito mais em Deus. Quando Ele existia, havia sóis soberbos, trovões, chuvas de alagar, raios, inundações, alvoradas.

Eu me lembro, eu me lembro, era pequeno e brincava na praia, o mar bramia...
 Hoje esse mar parece que boceja de tédio.
 E vem aquela notícia infeliz: o bom Antônio Pedro, de Toledo do Minho, morreu.

A BOA MANHÃ

Apenas passo os olhos pelos jornais; jogo-os fora, alegremente, porque eles pretendem dar-me notícia de muitos problemas, e eu não tenho nem quero problema nenhum. Acordei um pouco tarde, abri todas as janelas para o sábado louro e azul, e o mar me deu bom-dia. Passa um pequeno barco branco no mar de safira: como vai ligeiro, como vai contente, com seu bigodinho de espumas brilhantes! Uma ave se detém um instante peneirando, depois mergulha na vertical em grande estilo; quando volta, um pequeno peixe brilha em seu bico.

Chupo uma laranja, e isto me dá prazer. Estou contente. Estou contente da maneira mais simples – porque tomei banho e me sinto limpo, porque meus braços e pernas e pulmões funcionam bem; porque estou começando a ficar com fome e tenho comida quente para comer, água fresca para beber.

Nenhuma tristeza do mundo nem de meu passado me pega neste momento. Tenho prazer em ver que a Ilha Rasa está lá direitinha, em seu lugar, com o farol branco. Vejo ao longe, saindo da praia, dois amigos; estão conversando e rindo. Tomaram seu banho de mar, vão almoçar; estou contente porque os amigos vão bem e suas mulheres esperam crianças. Saúde e prosperidade! Estou contente porque recebi uma boa notícia. Nada de extraordinário, mas uma notícia muito simpática.

Sei que o mundo está cheio de horríveis problemas – e eu mesmo, pensando bem, tenho alguns bem chatos. Mas não estou pensando neles; estou vivendo, nesta fresca manhã, um momento de bem-estar, de felicidade.

Ora, considerando que a felicidade é uma suave falta de assunto, eu me despeço de todos com um cordial bom-dia e vou almoçar. Não quero contar prosa, mas tenho arroz, feijão, carne, alface, laranja, pão, tudo o que um ser humano necessita para viver bem.

Um velho amigo vem honrar a minha mesa; falaremos com simpatia das mulheres bonitas desta formosa capital. Conversa de brasileiros! Bom dia, passem bem todos com suas mulheres, com seus amigos, com suas amantes também.

Um passeio a Paquetá

Confesso que eu andava pensando numas viagens... É bom, pegar um navio ou um avião e dar um giro por aí – descansar um pouco do Brasil, de seu crônico desgoverno; descansar um pouco do Rio, do trânsito enrascado, de todos esses problemas, esse desconforto do povo, principalmente dessas caras importantes que a gente vê todo dia nos jornais discutindo, opinando, espalhando tédio. Descansar da gente mesmo, que vai emburrecendo demais por causa de tudo isso – porque uma viagem é uma espécie de *dribbling* que uma pessoa passa em si mesma.

Nas outras cidades do mundo também há problemas, também há gente cacete, também há tédio. Mas o viajante não tem nada com isso, vai passando, olhando as coisas, de alma limpa, nova, indiferente. E além disso quantas pessoas tão queridas estão espalhadas por este mundo, e como seria bom vê-las, como seria doce o momento de sentar com uma delas na mesinha de um bar – em Paris, em Washington, em Lisboa, em Bruxelas, em Roma... – e ouvir a voz amiga, ver os olhos, a cara amiga, saber coisas, dizer coisas; no estrangeiro a pessoa amiga é mais amiga, cada um tem mais necessidade de ternura brasileira, há menos interferência, mais suave entendimento.

Mas contra esses sonhos vagabundos há uma realidade vil: o dólar subindo. Não sei o que foi que inventaram esses senhores do governo, mas positivamente eles não se conduziram bem comigo. Fiquei no Brasil e agora estou preso, amarrado pelos nós desse câmbio vilíssimo. Há o remédio de escrever cartas – mas as cartas não dizem nada, as cartas têm uma voz falsa, neutra, sem intimidade nem calor. Carta não é remédio para curar nada, é apenas aspirina que mal atenua a dor da saudade, carta é uma pastilha barbitúrica. Barbitúrica! Duvido que alguém me mostre uma outra palavra mais feia na língua portuguesa. Barbitúrica! Sento-me para escrever uma carta a uma pessoa querida e de repente me aparece essa palavra, como uma pequenina mulher barbuda que sofre de ácido úrico, e com voz esganiçada, a fazer caretas, me diz: eu sou a barbitúrica, eu sou a barbitúrica!

 É melhor não escrever carta nenhuma, não comprar nenhum dólar e gastar os cruzados dando um passeio a Paquetá, jardim de afetos, pombal de amores.

ENTRE DOIS COCHILOS

Uma vez eu viajava de caminhão de Fortaleza para Teresina. Tendo passado de tardinha em Sobral, chegamos à noite a Tianguá, nos altos da Serra de Ibiapina, e resolvemos pernoitar ali. Indaguei onde poderia dormir, e me indicaram a única pensão que naquele tempo havia na cidadezinha. Fui lá, perguntei à dona se tinha um quarto para mim. Tinha sim, e foi me mostrar. O quarto era modesto, mas limpo, com alguns móveis; mas não havia cama. Como eu tinha de sair para tomar umas providências, disse à mulher:

— Está bom. A senhora pode mandar botar a cama.

Ela me olhou espantada:

— Cama? Cama aqui não tem não, meu senhor. O senhor trouxe sua rede?

Respondi que não, e lhe pedi que me arranjasse uma. Ela foi a outro aposento providenciar, e eu a ouvi perguntar a outra mulher se não tinha uma rede limpa para emprestar. Depois ouvi seu comentário escandalizado a meu respeito:

— Um homem até bem apresentado, de gravata, viajando sem uma rede!

Eu ia viajar pelo sertão até São Luís do Maranhão, e de lá embarcaria para Belém e Manaus, acompanhando os pobres "soldados da borracha". Tratei de comprar uma boa rede e nela dormi por toda parte, até na sala de uma repartição estadual em Manaus, pois não havia quartos vagos na cidade, e ali também havia ganchos para rede...

Lembrei-me dessa história ao ler a pequena e admirável monografia *Rede de dormir* que Luís da Câmara Cascudo escreveu e o Serviço de Documentação do Ministério da Educação editou há tempos. Ali aprendi que a rede é uma invenção da América tropical, pois não existia antes de 1500 na África nem em nenhum outro continente. Como fez a propósito da jangada, Cascudo cerca e ataca o assunto por todos os lados. É um livro gostoso de se ler – principalmente em uma boa rede, entre duas madornas...

A CONSPIRAÇÃO DOS OUTROS

Amanheci resfriado – e a manhã também resfriada, com nuvens pardas e sujas e um pequeno vento maligno. Ontem tive um dia mau, um desses dias em que a gente tem vontade de ir até o aeroporto, puxar as notas que tem no bolso e os níqueis e dizer em qualquer balcão de companhia: "Me dá isso de passagem".
A cidade estava francamente hostil. Pululavam mulheres feias e homens desagradáveis. Parece que eles se telefonam e combinam todos sair à rua em massa determinado dia, ocupar os pontos estratégicos, patrulhar as calçadas, inundar os transportes, abarrotar os botequins, cortar toda a esperança e estragar toda a paciência de um pobre homem distraído e de boa vontade.
Fizeram isso. Vieram de todos os bairros, e mal escondiam sua nefanda combinação: falavam-se em voz alta, abraçavam-se nas portas dos elevadores diante da raiva impotente dos cabineiros e dos passageiros que tinham pressa, conversavam de boca cheia nos restaurantes e fungavam nos cinemas.
E onde estavam as outras pessoas? As mulheres suaves, os amigos reconfortantes, as pessoas desconhecidas que, entretanto, fazem bem, o mulato alto de quem nos sentimos irmãos quando nossos olhares se encontram depois de verem ambos a mesma mulher que passa com certo jeito engraçado? Ou, por exemplo, aquele vendedor ambulante e

clandestino de cigarros estrangeiros a quem não quisemos comprar nada e mostramos nosso cigarro mata-rato, e nos filou um, dizendo amavelmente: "Isso é muito melhor"; e aquele chofer que podia ficar irritado com a barbeiragem tremenda da mocinha do fusca, mas apenas lhe gritou com um sorriso: "Você acaba aprendendo, meu bem!" – ou o sujeito do interior que numa intimidade súbita nos fala de sua lavoura e de seu filho que está querendo estudar para aviador, ao passo que o mais velho tem gosto é para a criação de gado, "falou com ele de boi, ele está satisfeito" – onde estão as almas boas, as súbitas mulheres lindas de vestidos simples, os doidos simpáticos, as caras amenas, as vozes estranhas que nos comovem por algum acento familiar, a gente humana da cidade?

    Creio que todos foram avisados de que era dia de se esconderem. Talvez os amigos estejam reunidos em uma festa improvisada e, quando eu me queixar de que ninguém me avisou, digam: "— Puxa, mas todo mundo sabia, eu estava crente que você ia aparecer". E então descobriremos que saímos de um lugar cinco minutos antes de um amigo chegar, ou chegamos dez minutos depois, e nos telefonaram quando não tinha ninguém em casa, e nós discamos inutilmente três vezes para um aparelho com defeito — e assim ficamos desprezados, entregues à população hostil, bebendo, de cara voltada para a parede, o conhaque amargo da solidão.

Pessoal afobado

O padre Anchieta, como, por ser pobre, não dispusesse de avião, voava nas asas de sua batina. Subia serra, descia serra, falando língua de índio; fazia seu teatrinho, escrevia poemas para a Virgem na areia; morreu no Espírito Santo sem nunca ter ido a Cachoeiro de Itapemirim. Não por desconsideração, mas porque naquele tempo não tinha Cachoeiro. Se tivesse, acho que ele ia.

Também houve o poeta Fagundes Varela, que se casou com a filha do diretor do circo, tal como deviam fazer todos os poetas, e foi muito feliz, tal como devem ser todos os poetas. Esse era louro e fez um poema no aniversário do imperador no *Jornal do Commercio*, recebeu seu dinheirinho, bebeu tudo em cachaça imediatamente e só no dia seguinte o dr. Ibanor Tartarotti, diretor do jornal naquele tempo, reparou que o poema era um acróstico insultando o imperador, imaginem que aborrecimento.

Aliás, eu, que nem sou louro, uma vez lá em Porto Alegre, quando aquele artista que sofria muito pelo teatro, Renato Viana, levou uma peça chamada *Deus*, e outra chamada *Getúlio*, escrevi que ele acendia uma vela a Deus e outra ao Diabo; por causa disso fui chamado à Polícia; que maçada.

Pior foi o Gondim da Fonseca que no *Correio da Manhã* fez uma crônica fazendo pouco de Caxias e foi mofar na cadeia.

Então todo mundo começou a só falar bem de Caxias. Todos falavam Caxias, Caxias, e mais isso e mais aquilo. Falaram tanto que o resultado é que o pessoal foi enchendo o saco e quando chegou na guerra lá na Itália quando um oficial era chato chamavam ele de caxias e quando era bom diziam assim — "esse não é caxias não, é um capitão formidável".
    Caxias é que não tem culpa de nada disso. Mas no Brasil a gente precisa fazer as coisas com cuidado. O pessoal exagera muito. Caxias também era louro.
    Na adolescência a gente precisa tomar cuidado; eu, por exemplo, me lembro que de repente resolvi torcer para o São Cristóvão, pois não é que ele ganhou o campeonato? Também foi a única vez; porém eu de bobo continuei torcendo, até que vi que não dava jeito e voltei a ser Flamengo. São Cristóvão é santo para proteger chofer de táxi, que aliás sempre torce pelo Vasco. Hoje eu continuo sendo Flamengo, tanto que em sociedade, quando às vezes estão falando de alguma coisa fina, as pessoas finas dizem assim — "isso não é para qualquer flamengo não" – e me olham com desprezo. Eu disfarço.
    Antigamente diziam que ou o Brasil acabava com a saúva ou a saúva acabava com o Brasil. Eu era menino, cansei de ouvir isto; o pessoal todo acreditava e ficava aflito. Eu também ficava aflito, e quando encontrava alguma saúva no jardim lá de casa matava logo para ela não acabar com o Brasil. Agora estou bastante velho e me lembro dessa história e vejo que continua havendo saúva e continua havendo Brasil.
    Por isso é que eu digo: o pessoal é muito afobado.

As boas coisas da vida

Uma revista mais ou menos frívola pediu a várias pessoas para dizer as "dez coisas que fazem a vida valer a pena". Sem pensar demasiado, fiz esta pequena lista:

- Esbarrar às vezes com certas comidas da infância, por exemplo: aipim cozido, ainda quente, com melado de cana que vem numa garrafa cuja rolha é um sabugo de milho. O sabugo dará um certo gosto ao melado? Dá: gosto de infância, de tarde na fazenda.

- Tomar um banho excelente num bom hotel, vestir uma roupa confortável e sair pela primeira vez pelas ruas de uma cidade estranha, achando que ali vão acontecer coisas surpreendentes e lindas. E acontecerem.

- Quando você vai andando por um lugar e há um bate--bola, sentir que a bola vem para seu lado e, de repente, dar um chute perfeito – e ser aplaudido pelos serventes de pedreiro.

- Ler pela primeira vez um poema realmente bom. Ou um pedaço de prosa, daqueles que dão inveja na gente e vontade de reler.

- Aquele momento em que você sente que de um velho amor ficou uma grande amizade – ou que uma grande amizade está virando, de repente, amor.

- Sentir que você deixou de gostar de uma mulher que, afinal, para você, era apenas aflição de espírito e frustração da carne – a mulher que não te deu e não te dá, essa amaldiçoada.

- Viajar, partir...
- Voltar.
- Quando se vive na Europa, voltar para Paris; quando se vive no Brasil, voltar para o Rio.
- Pensar que, por pior que estejam as coisas, há sempre uma solução, a morte – o assim chamado descanso eterno.

O ENXOVAL DA NEGRA TEODORA

Era uma negra velha, cozinheira antiga, escrava do inglês fazendeiro e diretor de mineração do ouro. Desde molecota vivera dentro de uma cozinha de fazenda. Trabalhava de manhã à noite, e nunca se casou. Dizem que sabia muitos segredos de comidas e doces, mas não ensinava a ninguém. Resmungava muito, não gostava de conversa, e quando estava de tromba as negrinhas e as mulatinhas não davam risada nem falavam alto, e até as moças e a senhora a tratavam com todo cuidado, pois a negra Teodora era uma escrava que sabia impor respeito, porque se dava ao respeito.

Até na hora de ser cachaceira, era uma negra de brio porque não era como essa gente que bebe nas horas que não deve e então faz os papéis mais tristes que uma pessoa pode fazer. Não. A negra tinha folga somente uma vez por mês, e era no primeiro domingo; depois de ir à missa, pegava uma garrafa de cachaça, sentava na cadeira de balanço e punha do lado uma bacia para cuspir; e então tomava a sua mona. Quando escurecia, estava bêbada como um gambá. Então se levantava e saía cambaleando pelo campo, falando sozinha. Depois desse passeio na escuridão, voltava para casa e dormia; na segunda-feira às cinco da manhã já estava trabalhando e era a mesma negra de sempre.

Fora disso tudo o que havia de especial na sua vida era a canastra; mas era muito especial. Naquela canastra ninguém tocava. Ela mesma só a abria de raro em raro, numa manhã de sol, mas então todo mundo ia espiar. A negra Teodora começava a tirar lá de dentro suas roupas brancas, e era tudo coisa fina de trabalho caprichado, tão bonito como poucas senhoras brancas têm roupa branca assim. Tinha uma bata toda de crochê, que naquele tempo se chamava "chimango", e uma saia branca com bordas de crochê e renda que ela mesma fizera. Estendia aquilo ao sol, com todo cuidado; e tinha umas meias de algodão e um par de botinas pretas com elástico, botinas estrangeiras compradas na Corte, artigo que até uma princesa era capaz de usar. Essas botinas ela comprara com as economias de muitos e muitos anos. As roupas ela mesma fizera e levara anos e anos fazendo, e com muito carinho e capricho. Depois de algum tempo a negra Teodora pegava suas coisas, engomava tudo outra vez, devagar, e guardava na canastra.

Esse enxoval precioso vocês vão pensar que era para um casamento que não houve. Não era. Nunca se soube que a negra Teodora quisesse casar com alguém, e nenhum preto de Minas Gerais podia se gabar de conhecer os seus dengues; era uma negra de muito respeito. O enxoval era para quando ela morresse. Para as criaturas ela não fazia questão de aparecer descalça e pobre; nem nos domingos de bebedeira se importava que alguém a visse na sua cadeira cuspindo e, o que era pior, quando cochilava, babando. Mas a negra Teodora sabia que quando morresse havia de ir para o céu; e então queria aparecer diante da glória de Deus bem arrumada e limpa; com suas botinas de elástico novinhas, sua saia de rendas, e seu chimango de crochê bem engomado; assim chegaria diante da glória de Deus.

 Naquele primeiro domingo de fevereiro de 1871 ela foi à missa, engrolou suas rezas, depois pegou a cachaça, sentou-se na cadeira de balanço com vista para o pasto e se pôs a beber. Bebia devagar numa canequinha de estimação. Depois de engolido um gole, fazia uma careta feia, e cuspia de lado. Seu olho ia ficando meio turvo e sua cara de negra velha ficava ao mesmo tempo mais tensa e mais bamba; mais tensa nas rugas da parte de cima da cara, mesmo porque ela apertava um pouco os olhos por causa do sol quente que ardia no pasto lá fora; mais bamba na beiçola, que pendia. Comer não comia coisa alguma no primeiro domingo de cada mês; nem precisava, porque a negra era bem gorda. E como ia ficando muito bêbada não ligava para mais nada, nem para cachorro que vinha cheirar sua mão, nem para moscas pousando na sua testa e até bem no meio da cara. Fazia um calor danado: e a negra suava, mas não parava de tomar cachaça.

 Pelas quatro da tarde, depois de uma boa madorna, levantou-se penosamente e, arrastando os pés, foi encher a canequinha; sentou-se outra vez na cadeira, soltou um suspiro e passou a mão pela cara suada como uma pessoa que está cansada de tanto trabalhar neste mundo de Deus. Feito o quê, virou mais um trago.

 Ela de vez em quando resmungava alguma coisa que ninguém entendia; e não era para ninguém entender. O calor estava tão forte que a negra cochilava um pouco e acordava com o corpo quente, banhada de suor; e então aproveitava para tomar mais um trago de cachaça.

De repente deu um vento, e tudo escureceu e o trovão roncou. Uma tempestade feia logo desabava com tanto trovão e tanta faísca que muita gente se pôs a rezar, com medo de raio. Mas a negra nem se levantou para fechar a porta. Ficou ali, diante da tempestade, bebendo cachaça. Não deixou que fechassem a porta nem a janela; estava achando bom beber diante do temporal, pegando na cara aquele vento de chuva.

A chuva caiu noite adentro, ora estiando, ora apertando. Mas pelas nove horas da noite a negra Teodora, como sempre fazia, meteu o pé na lama e saiu para seu passeio pelo pasto escuro.

Levava na mão a garrafa com um resto de cachaça; e sumiu resmungando na escuridão.

De manhã cedinho notaram que a negra não tinha voltado; e então saíram Chico Vaqueiro e o preto Licenço para procurar. Andaram por toda parte debaixo da chuva fina, procuraram no paiol, no curral, na manga dos porcos, por dentro e por baixo do moinho. Viram atrás do barracão, saíram pela estrada, foram de um lado até a fazenda do coronel Duarte, de outro lado até a fazenda da Boa Esperança, e não acharam a negra. Teria entrado pela mata ou ido para a vila; ou, como o ribeirão estava muito grosso, era capaz de ter-se afogado. Chegou a hora do almoço e a negra não apareceu. Saiu mais gente para procurar, e perguntaram por toda parte, e nada da negra Teodora.

Apareceu no dia seguinte, mas não na fazenda. Ia um carro de boi da fazenda do coronel Duarte para a vila, carregado de sebo de sabão, quando, no atravessar o córrego, o menino candeeiro viu uma coisa preta meio boiando num canto, e assustou; era o corpo da negra. Com certeza escorregara ao atravessar a pinguela; mesmo com a água da enxurrada o ribeirão era capaz de dar pé, mas a negra com aquela mona tinha-se afogado, e estava ali com a cara emborcada na lama.

O carreiro puxou o corpo pela perna e levou para o seco. Estava inchado e feio; qualquer corpo fica inchado e feio, que dirá o da negra Teodora, velha e gorda, com o bucho tão cheio de cachaça.

— Isso é a negra Teodora da fazenda do inglês – disse o carreiro.

E resolveu fazer uma caridade. Estava perto da vila. Com muito esforço, e ajuda do menino, baldeou o corpo quase nu para dentro do carro, botando-o em cima do sebo de sabão. Dali até a vila era coisa de meia hora; mas apesar de estar um sol danado de quente havia muito lameiro no caminho, e num deles o carro afundou uma roda que foi uma trabalheira para arribar.

Quando o carro chegou à vila estava um mau cheiro horrível; mas pior que o cheiro era a vista. Com o sol quente e os solavancos, o corpo da negra estava todo ensebado, parecendo um volume enorme de sabão preto. Onde se pegava nele escorregava, bambo. Duas mulheres que viram o corpo gritaram e saíram chorando; um menino teve uma coisa e desmaiou; e estava tão horrível que foi preciso botar energia para dois escravos puxarem o volume de cima do carro. E todos acharam que a melhor caridade era enterrar logo a pobre da negra, e ali mesmo, junto da estrada, na boca da vila, se abriu um buraco e se enterrou.

Assim, pois, vejam que coisa é este mundo. A negra que queria ser enterrada como uma rainha com sua bata de crochê e sua saia de rendas e sua botina de elástico foi jogada no buraco como um bicho morto, e muito mais feia do que qualquer bicho morto. Todo mundo na fazenda sentiu muita pena, mandou-se rezar missa pela alma da negra. Na canastra ninguém teve coragem de tocar; aquilo era como coisa sagrada, coisa do céu que tinha sobrado na terra.

Aqui, a história, que se conta na família até hoje, entra numa encruzilhada. Tomemos o pior caminho, que é este: para dizer a verdade, primeiro tiraram a botina de elástico, e isso foi quando a dona Yayá, prima-irmã de dona Erotides, mulher do sr. Amâncio, a quem a prima estava devendo um presente de uma louça vinda da Corte, que ele não quis receber por nada – quando dona Yayá teve de ir a Ouro Preto. Ora, depois que a botina andou, o resto do enxoval foi atrás – uma tira isso, outra tira aquilo, dizem que até houve briga. Enfim, coisas de família o melhor é a gente não se meter. E quando uma das moças teve um sonho ruim, onde viu a negra nua chorando e xingando, e se assustou dizendo que vinha castigo do céu, e todo mundo ficou meio assim, quem teve coragem mesmo de dar uma opinião foi "seu" Juca. "Seu" Juca era um homem de maus bofes, não gostava de preto de jeito nenhum, tanto que daí a alguns anos, quando veio a Abolição, ele virou republicano. Sua opinião foi que afinal tudo estava direito, e

Deus é que quisera assim para castigar a vaidade da negra: e tinha sido muito bom para "negro deixar de ser besta".

Enfim, "seu" Juca já morreu, como a negra Teodora, e todo mundo nesta história já morreu. O que cada um fez de bom e de mau sua alma a estas horas está sabendo. É melhor não falar mais nisso. Até me pergunto se não fiz mal em ter falado.

Passarela e anúncios

Aquela ponte lançada sobre a pista em frente ao Museu de Arte Moderna é uma das coisas mais belas do Rio. A gente vê que é possível fazer poesia com cimento; e entende que a linha reta é irmã gêmea da linha curva; e que o cálculo mais sábio pode resultar na maior emoção de simplicidade. Muita gente passa por ali sem reparar na elegância extraordinária da passarela. Não aquele português, chofer de táxi, com quem eu vinha conversando. Confessou-me que passou muitas vezes sob a ponte sem reparar nela. Um dia, porém, leu no jornal que ela custara não sei quantos milhões – um absurdo. Então reparou, e achou muito bonita. Como não levava passageiro no momento, parou o carro, saltou e foi olhar a ponte de um lado e outro.

"É uma beleza, doutor. É reta e ao mesmo tempo enviesada; é forte, mas parece que está solta no ar. Vou lhe dizer uma coisa, senhor doutor. Pode ter custado caro, mas aquilo não é uma ponte, é um monumento, um verdadeiro monumento. Mesmo que não tivesse serventia, está ali a enfeitar a cidade. É um monumento, doutor."

Afonso Eduardo Reidy, o autor da passarela, que morreu em 1964, gostaria de ouvir esse elogio.

*

No jornal de ontem li este anúncio:

"*Casal espírita para fazenda* – Preciso de um que seja trabalhador e espírita praticante (kardecista). O homem sabendo ler e escrever, conheça bem o gado, saiba tirar leite, etc., enfim, que tenha prática de fazenda. A mulher para atender aos serviços domésticos. Lugar de futuro, a seis horas do Rio. Exijo referências – Cartas com esclarecimentos para Caixa Postal número tal, Rio, Dr. J. S."

Fico imaginando se o Dr. J. S. conseguirá encontrar esse casal capaz de funcionar bem no pasto, na cozinha e no Astral.

Mas há um anúncio de internato que me horroriza. Diz assim: "Disciplina rigorosa – Princípios rígidos – Máxima vigilância – Prepare seu filho para ser um homem feliz".

O diretor desse internato deve ter sido educado como educa hoje os filhos dos outros. Mas será ele próprio um homem feliz? Duvido um pouco: para ser realmente feliz, ele precisaria ser, pelo menos, diretor de um campo de concentração.

O DELEGADO E O APITO

Numa interessante reportagem sobre "o clã Nabuco", na revista *Isto É*, Zuenir Ventura conta que, embora partidários da Revolução de 1964, Maria do Carmo e José Nabuco esconderam em sua casa, em 1968, o escritor Otto Maria Carpeaux, procurado pela polícia política. E acrescenta:
"Na mesma época, o então deputado Márcio Moreira Alves... só não recorreu ao mesmo refúgio porque saiu da Câmara, que negara licença para processá-lo (o que desencadeou a edição do AI-5), seguindo direto para São Paulo. Mas não deixou de ser ajudado por dona Maria do Carmo, que arranjou meios para enviar-lhe 3 mil dólares. Eu estava escondidíssimo, relembra agora Márcio Moreira Alves, quando de repente irrompeu Sérgio Buarque de Holanda, alegremente bêbado, com o dinheiro de um peru debaixo do braço, porque era Natal."

*

O apartamento em que Marcito estava "escondidíssimo" ficava na rua Major Sertório, 483, na zona boêmia de São Paulo, a menos de 200 metros do famoso La Licorne. Isso não foi dito na reportagem porque, em um país imprevisível como o Brasil, seria imprudente dedurar o dono da casa mesmo a uma distância de quatorze anos. Acredito que até a referência a Sérgio Buarque de Holanda só foi feita porque ele morrera poucos dias antes; com toda a sua importância cultural, Sérgio não teria aquela certa imunidade social dos Mello Franco-Nabuco.

Mas dois dias antes de a revista circular, o antigo morador da rua Major Sertório ganhou também a imunidade mais-que-perfeita, que é a da morte. Na tarde do dia 7 deste mês de maio, um enfarte matou o advogado, antigo jornalista e delegado de Polícia aposentado João Leite Sobrinho.

*

João era mineiro de Muzambinho, fez o curso de Direito em Belo Horizonte e ali trabalhou em jornal; fui seu colega de redação em 1936, na *Folha de Minas*. Viemos para o Rio logo depois, e daqui fomos para São Paulo. Os tempos eram duros, e os jornais pagavam mal, quando pagavam. Lembro-me de que, para sobreviver, aceitei um convite de Paulo Duarte e fui para São Paulo escrever (sem assinar) artigos para a campanha presidencial de Armando de Sales Oliveira. João fez o primeiro concurso público que apareceu, o de delegado de Polícia, e seu primeiro posto foi o de Ubatuba, que naquele tempo era pouco mais que uma lenda jesuítica, só atingível por canoa ou em lombo de burro. Dali foi para uma remota cidadezinha do Noroeste, e assim fez, duramente, toda a carreira (crimes do Shindo Remei em Araraquara, agitações estudantis em Piracicaba etc.) até chegar à capital. Carreira rica de desafios e experiências. João permitiu-me ter uma ideia brevíssima dela convidando-me para fazer, a seu lado, um plantão da Polícia Central de São Paulo, da meia-noite às seis da manhã, em um sábado. Apresentou-me como "um colega do Rio" e me encarregou de várias diligências, inclusive uma de baderna em um bar na avenida São João e outra de homicídio em uma casa de mulheres na rua Vitória. Foi a mais interessante das reportagens que eu nunca escrevi; devia ser uma experiência obrigatória para todo bacharel que quisesse se dedicar ao Direito Penal, como polícia, promotor, juiz – ou simples advogado. É ali, no trato direto dos dramas e comédias da madrugada, que se pode sentir a força tremenda da Polícia para o bem e para o mal. O policial é, na prática, o juiz de primeiríssima instância; de sua integridade, de sua inteligência, de sua discrição depende o destino de muitos seres humanos. Os melhores cidadãos de um país deviam ser os policiais. Aprendi isso através de minha longa amizade com João Leite Sobrinho.

*

Em São Paulo, capital, João ficou logo uma figura conhecida, principalmente nos meios da imprensa, da literatura e das artes – e da vida boêmia, naturalmente. Sem fazer política partidária, amigo de toda gente, era procurado incessantemente para "dar um jeito" na situação de alguém, o que, naturalmente, nem sempre podia fazer. Tinha uma visão muito realista dos homens e das coisas, e o instinto da verdadeira autoridade. Esse velho policial foi fundador e diretor da Associação dos Amigos do Museu de Arte Moderna – mais conhecida como "o barzinho do Museu" – e presidente do Clube dos Artistas e Amigos da Arte, o famoso "Clubinho". Foi também sócio do pintor abstrato cearense Antônio Bandeira em uma fazenda de criação de bois, e personagem ("O velho Leite") de histórias policiais de Luís Lopes Coelho, o nosso querido Coelho. Conheço, de sua vida, lances de coragem, de cavalheirismo e de generosidade; e também momentos dramáticos, como aquele dia em que disparou um tiro no peito.

Prefiro relembrar duas de suas aventuras de homem bonito.

Uma vez, no Bolero do Rio, uma bonita mulherzinha da noite, que o fitava há muito, levantou-se, deixou cair a bolsa junto à nossa mesa e, quando ele se abaixou para apanhá-la, abaixou-se também e lhe pôs entre os dedos, dobradinha, uma nota de 500 mil réis, que não era pouco. Lembro como João encabulou, antes de partir atrás da moça para lhe devolver o dinheiro e pedir desculpas por não sair com ela, pois estava esperando outra pessoa.

E uma aventura que ele me contou, e parece comédia italiana. Ainda solteiro, foi servir em um lugarejo que era uma rua só, comprida, com uma igreja lá em cima e a delegacia cá embaixo. A única mulher disponível era uma cabocla amigada com o velho e mal-encarado cabo do destacamento.

A cabocla lhe dava olhares, mas que fazer? Desesperado com suas noites solitárias, João foi à cidade mais próxima, comprou um apito e o entregou ao cabo para patrulhar a rua toda noite: ir até lá em cima, na igreja, e voltar, dando um trilo em cada esquina, na ida e na volta.

— "Funcionou, mas era uma agonia..."

Lembrança da Ilha Rasa

Carlos Drummond de Andrade chegou de Minas Gerais e naturalmente se pôs a olhar o mar. Então fez um poema, e no meio dizia assim: "Triste Farol da Ilha Rasa". Com certeza o poeta andava triste; o farol estava lá como está até hoje, a noite inteira, mandando seus lampejos de cinco em cinco segundos: um vermelho (pausa cinco segundos), um branco (pausa cinco segundos), outro branco (pausa cinco segundos), um vermelho...

Dois brancos e um vermelho, sempre assim. A 25 milhas de distância, no mar, o piloto vê essa luz e sabe que ali é o farol da Ilha Rasa, que fica bem ao sul da entrada da Baía da Guanabara. Ali, para quem vem de navio no meio da noite, ali começa a existir, começa a brilhar, começa a palpitar a nobre cidade do Rio de Janeiro.

E na sua cabina de navio ou de avião, o piloto ouve, a 300 milhas de distância, o som do radiofarol que dia e noite, sem parar, a torre da ilha emite; são duas letras em Código Morse – i e h. Assim, pelas suas luzes e pelo seu som, a Ilha Rasa é abençoada pelos navegantes dos mares e dos ares. Um instrumento registra a direção e a força do vento, e outros medem a temperatura, a pressão atmosférica, a umidade relativa do ar. Diariamente um homem desce a rampa da ilha para ir lá embaixo medir a temperatura da água do mar. Um homem registra o nome e o rumo de todo navio que vai passando.

Em 1983 este farol ganhou luz elétrica, mas ele funcionava desde 1829. Na verdade a Ilha Rasa começou a servir de guia noturno dos navegantes desde 1819, quando um homem foi contratado, por um mil-réis por mês, para toda noite acender uma fogueira nos altos da ilha.

Hoje a Ilha Rasa é uma aldeia em que vivem seis homens com suas famílias. Quatro são militares da Marinha, o mais antigo é o primeiro-sargento telegrafista, os dois faroleiros são civis. Isto aqui, a oito quilômetros do Arpoador, é uma aldeia de verdade, uma pequena povoação do interior de Goiás ou de Minas, com sua paz, sua vida monótona, seu grande sossego, sua promessa de felicidade – e com certeza também algumas brigas e fofocas, como acontece em todo lugar em que há homens e mulheres.

Praia não existe, ninguém toma banho de mar, e também não há nenhuma nascente na ilha. A água da chuva é recolhida nas lajes do grande pátio do farol, e também nas calhas das casas; há duas cisternas.

Uma lancha da Marinha, vinda da Ilha de Mocanguê Grande, traz mantimentos para o pessoal regularmente. Muitas vezes o mar está grosso e os volumes têm de ser içados para terra por um guindaste. Eu mesmo já fui içado dentro de uma caçamba, ainda bem que era mais magro. A boia é melhorada com o peixe que o pessoal pega – marimbás ou enxovas – e também por ovos frescos, franguinhos, às vezes um cabrito dos que vivem no mato. Horta é difícil de fazer por causa da economia de água. Há árvores de frutas – abacate, manga, laranja, coco, banana e cana. Entre as moitas de pitangueiras e cajueiros nativos cantam sabiás, tiês-sangue, coleiros, canários-da-terra... Também há tiziu, rolinha, juriti, bem-te-vi, até inhambu-chororó. Foram os que vi e ouvi além das aves do mar.

A primeira vez que estive aqui não havia geladeira; da segunda vez não havia televisão. Consegui essas duas coisas escrevendo crônicas que impressionaram uma associação de pilotos, num caso, e noutro o jornalista Paulo Bittencourt, que estivera preso ali no tempo de Artur Bernardes.

Seja qual for a hora, há sempre alguém vigilante no farol da torre; há sempre aquelas luzes encarnadas e brancas latejando sobre as ondas, e aqueles sinais de rádio pulsando no céu, entre as nuvens – tatá tatatatá... tatá tatatatá...

Dormi uma noite na ilha, quando havia aqui apenas um faroleiro, o Astrogildo, e sua família. A gente se sente à margem do mundo – e, curiosamente, também no centro do mundo, no eixo dessa máquina de luz que varre todo o horizonte da terra e do mar, incessantemente.

Aproveite sua paixão

Um amigo me escreve desolado e pede conselhos. Não se trata de um rapaz, mas de um senhor como eu, de muito uso e algum abuso; e lhe ocorreu uma coisa que há muitos anos não tinha: apaixonou-se. "E isso," diz ele, "da maneira mais inadequada e imprópria, pois o objeto de minha paixão é pessoa a respeito da qual não posso nem devo ter qualquer esperança, devido a circunstâncias especiais. A coisa já dura algum tempo, e tenho a impressão de que não passará nunca..."

Passa sim, meu irmão; acaba passando. Pode, entretanto, durar muito, e convém tomar providências para atenuar seus malefícios. E, mesmo, transformá-los em benefícios. Por exemplo: como quase todo sujeito de nossa idade, você tem alguma barriga, e certamente já pensou várias vezes em suprimi-la. Em princípio, a paixão do tipo da sua tende a dilatar o estômago e ampliar o ventre, pois a inquietação constante faz com que a pessoa procure inconscientemente se distrair, bebendo e comendo. Isso realmente produz melhoras de momento, pois depois de uma copiosa feijoada qualquer pessoa tem uma tendência sonolenta a não sofrer. Com o passar do tempo, entretanto, a obesidade agrava os sofrimentos do apaixonado e a angústia sentimental aumenta na proporção direta dos quilos. Aconselho-o a entregar-se a disciplinas desagradáveis e úteis, uma das quais é exatamente fazer regime para emagrecer.

Quando, ao voltar da praia, sentir vontade de tomar um chopinho com o amigo no bar da esquina, "ofereça" à sua amada, em espírito, essa sua sede; se o convidarem a um "caju amigo", compareça, aceite um copo, mas sacrifique o seu desejo de tomá-lo, em holocausto ao seu amor. Nada de "beber para esquecer"; você deve "não beber para lembrar", o que do ponto de vista sentimental é mais digno – e descansa o fígado.

Alimente-se exclusivamente de verduras e legumes sem tempero. Isso lhe dará, ao fim de cada refeição, uma desagradável sensação de fome e vazio. Você se sentirá muito infeliz. Aproveite então para pensar que essa infelicidade é produzida pela sua paixão. Isso o ajudará a suportar estoicamente sua dieta e, ao mesmo tempo, irá fazendo com que a imagem do ser amado se torne ligeiramente odiosa. Ao tomar o café sem açúcar, diga somente estas palavras: "paixão amarga!"

Assim, em dois meses e meio poderá perder de oito a dez quilos e cerca de 45 por cento de sua paixão atual. Experimente e me escreva. Bola em frente, meu irmão.

A VALSA DE LAMARTINE

Vi outro dia, na televisão, um bom programa sobre Lamartine Babo, um dos grandes compositores populares do Brasil e um boêmio generoso e lírico. Durante muito tempo foi magérrimo, e nunca foi bonito. Contava ele que, uma vez, estava diante de um guichê dos Telégrafos quando notou que um funcionário batia com o lápis sinais Morse para o outro. Já tendo sido telegrafista, Babo traduziu a mensagem, que era sem dúvida a seu respeito: "magro e feio".

Imperturbável, o compositor puxou de uma caneta e bateu também: "magro, feio e telegrafista"...

Uma vez fui a um barzinho de Ipanema com uma jovem americana chamada Barbara. Ali pelo terceiro ou quarto uísque, apareceu Lamartine Babo, que certamente também já tomara alguma coisa em um bar do Centro. Chamei-o para a mesa, e a moça americana, que adorava a música popular brasileira, ficou encantada em conhecer o grande compositor. Com sua voz engraçada, Lamartine cantou algumas de suas composições – um samba, uma velha marchinha, uma bonita marcha-rancho. O entusiasmo demonstrado pela bonita americana o animava cada vez mais. A moça quis aprender a letra de um samba, e Lamartine ensinou com paciência, corrigindo o sotaque arrevesado, explicando o que queria dizer aquilo, encantado em ouvir sua composição cantada pela jovem, animando-a a repetir cada verso, aplaudindo-a com fervor.

Barbara tinha os olhos verdes, e a certa altura Lamartine declarou que ia fazer uma valsa dedicada aos olhos verdes de Barbara.

Mais dois ou três uísques e a valsa começou a surgir, sem letra, com a melodia ainda um pouco indecisa. E acabou mesmo sendo uma valsa bonita, meio romântica, meio moderna. A americana no auge do encantamento de ter inspirado uma valsa. Lamartine encantadíssimo pela própria inspiração, mas com um medo louco de esquecer a melodia antes de pedir a algum amigo para escrevê-la, pois ele não sabia escrever música. Combinamos um encontro para o dia seguinte, quando ele deveria trazer a valsa já escrita.

No dia seguinte ele me telefonou com a voz triste:

— Aquela valsa...

— Já sei, Lamartine, você esqueceu a melodia.

— Não, meu filho, muito pior.

— Pior, como?

— Ontem eu estava crente que estava compondo, mas hoje me lembrei. Aquilo é uma valsa antiga, de um filme de uns trinta anos atrás que ficou na minha cabeça.

— Que pena, a Barbara estava tão orgulhosa, tão feliz!

— Olhe, não diga nada a ela não. É melhor que ela fique na ilusão. Diga que você não me encontrou mais. Diga que eu sumi.

E sumiu mesmo. Nem a americana nem eu nunca mais vimos Lamartine nem ouvimos sua linda valsa sobre os olhos verdes de Barbara...

O CABOCLO BERNARDO

Parece que não tinha nenhum sangue europeu; era apenas um índio, com seu nome cristão de Bernardo José dos Santos. Era alto, de espáduas largas, a cara grande. Vejo numa gravura da época sua basta cabeleira negra, e um bigode ralo que lhe cai pelo canto da boca, no feitio mongol. A cara é enérgica e suave, e as sobrancelhas finas se unem no centro, sob uma ruga vertical na testa; suas extremidades descem, numa curva em que se lê obstinação. O caboclo Bernardo está com 28 anos de idade no dia 7 de setembro de 1887. É nascido ali mesmo onde vive, no povoado de Regência Augusta, antiga Barra do Rio Doce – e como seu pai, o velho Manduca, conhece o rio, o mar, e a mata. Foi naquele 7 de setembro, à uma e quarenta da madrugada, sob um raivoso sudoeste e grande escuridão, que o cruzador *Imperial Marinheiro*, um dos mais novos barcos da Marinha de Guerra brasileira (deslocamento, 726 toneladas; boca, 8m24; calado, 3m40; máquina, 150 cavalos; marcha horária, 11 milhas; armamento, 7 canhões de 32 e 4 metralhadoras, com 142 homens a bordo), chocou-se contra o pontal sul da barra do rio Doce, a 120 metros da costa. Foi arriado um escaler com os doze homens; o mar arrebentou o escaler, mas os doze homens chegaram às duas da madrugada à cabana do patrão-mor da barra para pedir socorro. No escuro, e sem nenhuma embarcação diante do mar furioso, os homens ficaram na praia enquanto o mar esfrangalhava o cruzador. Quando veio a luz do dia os náufragos estavam reunidos nas partes mais altas, ainda não submersas, do barco, e os tubarões rondavam entre as ondas encapeladas.

O caboclo Bernardo jogou-se ao mar tentando levar até o cruzador um cabo de espia. Luta contra as ondas, mas é jogado na praia. Tenta ainda uma vez, e volta novamente, depois de uma luta terrível contra a força das águas. Sua mãe, uma cabocla velha, pede-lhe para não insistir, mas ele se lança ainda ao mar. Parece que da primeira vez teria levado o cabo, excessivamente pesado, amarrado à cintura; de outra o amarrara à sua rede, com tremalhos de cortiça, ou a uma linha de pescar que puxaria pelos dentes. O fato é que luta em vão contra as águas açoitadas pelo vento; e regressa à praia exausto. Os náufragos olham tudo aquilo com angústia. O caboclo Bernardo se desvencilha dos braços dos que querem detê-lo e entra no mar pela quarta vez. Nada com desespero em direção ao navio, mas não avança; pouco depois é jogado à areia. Levanta-se – e volta. Só então, pela quinta vez, consegue chegar até o navio com o cabo salvador. Forma-se um cabo de vaivém, e os marinheiros saltam de bordo agarrados a ele para chegar em terra. Muitos o conseguem. Outros, enfraquecidos pelas horas de tormenta, não resistem e morrem. O caboclo Bernardo joga então ao mar a única embarcação que resta, uma pequena chalana. Pede dois marinheiros para ajudá-lo, e ligando essa chalana ao cabo leva os náufragos para terra, de dois a dois. De vez em quando a chalana vira; o caboclo Bernardo, com seus dois companheiros, cai na água para desvirar a embarcação e segurar os náufragos.

Trabalham assim durante horas, até que o mar despedaça de uma vez a chalana. Havia ainda treze homens a bordo, que afinal se salvaram em uma jangada improvisada, agarrando-se ao cabo. Graças ao brutal heroísmo do caboclo Bernardo, foram salvos 128 homens em um total de 142.

Estas notas eu as extraio do livro do sr. Norbertino Bahiense, *O caboclo Bernardo e o naufrágio do "Imperial Marinheiro"*, que foi publicado em Vitória; e o que não está no livro me contou o velho Meireles, numa destas manhãs de chuva e sudoeste, ali mesmo na barra, onde a tudo assistiu.

Nem a Marinha nem o Governo Imperial foram insensíveis, na época, ao valor do feito. O caboclo Bernardo foi trazido ao Rio e aqui recebeu, juntamente com o mestre João Roque da Silva e o cabo Manuel Ferreira da Silva, os dois homens da tripulação que mais energia e coragem mostraram em salvar os outros, a Medalha Humanitária de 1ª Classe. O caboclo Bernardo foi levado ao Paço Imperial pelo capitão-tenente Artur Índio do Brasil e, chamado pelo Conde d'Eu, recebeu das mãos da Princesa Imperial Regente o prêmio de seu heroísmo.

Contou-me um velho habitante do rio Doce que na Corte perguntaram ao caboclo o que ele queria mais para si. O caboclo Bernardo disse que para si não queria nada, mas pediu a nomeação de seu velho pai, o caboclo Manduca, para o posto vago de prático da barra do rio Doce; e depois de todas as honras que recebeu no Rio e em Vitória, voltou para o remo da catraia, onde ajudava o seu velho. Rejeitou um bom posto na Capitania dos Portos, em Vitória, pois não queria sair de Regência.

Alguém o viu ali aos 47 anos de idade, "descalço, andrajoso e esquecido". A bela medalha de ouro mandada cunhar especialmente para celebrar seu feito, ele, com toda certeza, a vendeu.

Não creio – nem o velho Meireles, que o conheceu bem – que o caboclo Bernardo fosse infeliz por andar "descalço, andrajoso e esquecido". Era casado e vivia a sua vida, "muito respeitado aqui, pois era um sujeito mesmo muito bom e muito direito".

Aos 55 anos de idade foi assassinado a tiros de garrucha por um outro caboclo chamado Leonel, que estava cheio de cachaça. Leonel, que cumpriu pena até 1920, quando foi indultado, e só morreu em 1946, nunca explicou seu crime, de que dizia estar muito arrependido, senão pela cachaça...

E o caboclo Bernardo ficou quase completamente esquecido durante muitos anos. Só agora sua memória começa a ser lembrada; seu nome foi dado a uma pequena rua de Vitória (a Associação Comercial, com uma tola e impressionante mesquinhez, opôs-se à proposta do Rotary Clube para que esse nome ficasse no lugar da inexpressiva rua do Comércio) e a uma rua central de Linhares.

Por que não dar o nome do caboclo Bernardo à próspera Povoação, que não tem outro nome, e é tão vizinha de Regência? Esperamos que um dia também se volte a lembrar dele a Marinha de Guerra, que na sua rude figura encontrará um bom símbolo para o pescador, o embarcadiço, o caboclo de praia que, na hora má, é o amigo certo, o irmão do marinheiro.

Era na praça da República

  E me aconteceu anoitecer na praça da República. Fazia um calor triste. As folhas altas das árvores do Campo de Santana estavam imóveis no ar, contra as últimas claridades do céu, como se fossem de bronze. Essa ideia me veio no momento, a de um parque cheio de estátuas em que as árvores também fossem de bronze – árvores e cutias de bronze imóveis sob o grande calor.
  Só uma pobre gente e uns gatos magros se moviam vagamente, fracos bichos deprimidos pelo calor. Eu suava, parado, esperando uma condução, em vão. Uma cutia se moveu – esta não é de bronze, anotei –, deu alguns passos curtos e rápidos, estacou – de bronze –, seguiu mais dois passos, estacou outra vez, estacou dessa maneira sábia e como que perene que tem a cutia de ficar imóvel, de bronze. Cutia. Fiquei olhando aquele bicho. Cor de cutia. Meu pensamento lento, da preguiça do calor, ficou fixado naquela cor do lombo curvo da cutia, cor talvez de coco queimado, o que me lembra… sei. São certas moças como há em Ipanema, com a pele bem queimada do sol da praia, a pele escura e dourada e os cabelos louros com trechos escuros, de mel. Dessa raça de moça nunca tive nenhuma; nem vou ter, pensei com humildade, e é pena. Mas eu estava tão velho no Campo de Santana, entre imensos fícus de bronze, gatos e cutias no calor; com certeza eu envelhecera devido ao tempo que levara, imenso

tempo, que certamente ninguém nunca levou, olhando a estátua de Benjamin Constant; olhando dos quatro lados, vendo as cenas de sua vida, pública e privada, lendo devagar, com dificuldade, suas frases. Grande homem – murmurava eu, sem convicção, burro de calor. Depois subira à Rádio Ministério da Educação, onde havia homenagem para um amigo; discurso, mais discurso, palmas, calor. Um coro cantou uma coisa de João Sebastião Bach, fiquei patetamente ouvindo (sentia calor) e reparando nas mulheres do coro, todas com vestidos iguais, cantando. Bem, entre as moças do coro estava uma alta, bem morena, que parecia bonita, bem morena com o cabelo louro-escuro – alta cutia, pensara eu. E então eu saíra, agora estava desamparado na praça da República, já escuro, no calor, esperando condução em vão. Se arranjar condução eu faço outra crônica e conto o resto; se não arranjar, fico parado aqui e viro bronze, adeus.

ACHEI MELHOR NÃO RECLAMAR

Da última vez que falei convosco eu estava parado na praça da República, no Rio de Janeiro, esperando condução em vão, depois de sair da Rádio Ministério da Educação. Ão, ão, quanto ão. Aliás, eu podia ter começado a crônica de antes. Eu atravessara o Campo de Santana depois de vir da avenida Passos pela rua Senhor dos Passos a pé (a passo). Qual, isso é sinal de cansaço mental, escrever assim rimando, tropeçando em palavras, palavra!

Reajo, vou escrever direito, contar o que tenho para contar. Pensando bem é coisa pouca, ou nada. Eu perambulava também pela rua da Alfândega e transversais, por sinal que vi numa vitrina, por 30 mil cruzeiros, uma camisa esporte completamente igual à outra que, na véspera, eu comprara em Ipanema por 50 mil cruzeiros. Até entrei para verificar. Era a própria, igual; mas quando quis comprar vi que não tinha no bolso dinheiro bastante, nem livro de cheque, mesmo se tivesse livro de cheque não teria documento de identidade.

Foi a lembrança disto que me pungiu hora e meia mais tarde, quando, tendo desistido de esperar condução em vão na praça da República, decidi atravessar a avenida Presidente Vargas para caçar um ônibus ou táxi na Central. O sinal estava fechado; enquanto eu esperava a travessia me vi no centro de um rebanho de umas duzentas pessoas marchando para a Central.

Outros rebanhos vinham de outras bandas, trotando com pressa no calor, cada um ansioso para se meter no seu trem apertado rumo ao seu subúrbio. Então, suado e triste, andando na cadência dos outros, senti que eu também ia tomar meu trem, talvez no Méier devesse pegar outra condução. Em certo momento quis sair do rebanho, fui atropelado por um sujeito com pressa, sofri o olhar raivoso de uma senhora gorda, senti que a manada suada me retinha e me fazia marchar em seu passo apressado; fui levado em seu meio, tangido, acotovelado. "Trata-se de um equívoco", pensei em protestar, mas incidentemente vi minha cara no espelho de uma tabacaria, uma suada cara suburbana, de um homem de certa idade, suburbano, derrotado de calor, nervoso de pressa de chegar a não sei que triste quarto quente de uma casinha suburbana. Pobre velho gordo.

"É melhor não reclamar", pensei, cansado, e pensei outras coisas de que darei parte em outra crônica, se algum dia jamais eu regressar de meus tristes subúrbios.

Lembrança de Manuel Bandeira

Pega ladrão! Houve uma correria no meio do bolo de gente que ia tomar trem na Central, uns corriam para o trem, outros para o ladrão, e naquele bafafá "roubaram minha bolsa!" – gritou uma senhora, vítima certamente de um segundo ladrão. Afastei-me, fiquei encostado a uma banca de jornais, suado, mas sentindo alívio em pensar que saíra do meio do povo que ia tomar o trem. Considerei o aspecto dos que passavam: era gente maltratada pela vida, belezas estragadas, saúdes precárias, ar de necessidades, penúrias, carências, problemas. Senti-me, homem de Ipanema, extraviado ali, um privilegiado de certo modo criminoso, envergonhado de minha vida folgazã ("o Braga tem um temperamento folgazão", disse uma vez o Armando d'Almeida).

Na verdade tenho um fundo rústico, ainda que não seja forte; naturalmente não gosto de sofrer, e com a idade me acostumei a um certo conforto – como reagiria se, daquele minuto em diante, tivesse de morar num subúrbio, vindo todo dia ao Centro dar duro em um escritório? Enquanto procurava um táxi fora da estação, eu considerava que isso ia ser por demais triste. Para ser pobre então era melhor ir morar numa prainha do Espírito Santo ou do Estado do Rio, viver vagamente de pescar camarões, um ou outro expediente, vigia de casa de veranista, ou mesmo plantar mandioca, fazer balaios, vender passarinhos... Sim, mas se eu tivesse, como tanto suburbano tem, filha mocinha e filho em idade de estudar, ainda tivesse de aguentar, vamos dizer, dois sobrinhos (pobre sempre tem um parente mais pobre do que ele), onde arranjaria coragem para sair de minha casinha suburbana de aluguel antigo? Com certeza eu me submeteria ao rebanho, seria um dócil elemento dessa parte da população que vive no aperto para a outra parte folgar, e na minha idade com certeza nem seria mais comunista, seria de preferência espírita, acho que nem isso.

Pensando essas coisas fui ficando com uma grande pena de mim, ou melhor, do meu povo – esse povo feio que ali passava, avançando para a estação, enquanto eu procurava inutilmente um táxi. Andei para um lado e outro sem resultado, todo táxi que via estava fazendo lotação para a Zona Norte; eu estava cansado, sentia sede e fome, tinha um sujeito com um carrinho vendendo laranjas descascadas, chupei uma.

Foi então que me lembrei de uma tarde em que eu estava sem condução e me encontrei por acaso com Manuel Bandeira e Eurico Nogueira França, e eles me deram uma carona para Copacabana. Recordo-me que os dois falaram sobre a morte de um filho do Odylo, depois sobre o centenário do nascimento de Ernesto Nazareth, que Bandeira muita vez viu tocando piano na sala de espera de um cinema. Depois falaram de Bossa Nova, os dois entendidos de música; eu, calado. Mais tarde Eurico Nogueira França saltou, e ficamos a sós, o grande poeta e eu, e começamos a conversar não sei bem mais sobre o quê, parece que sobre uma certa mulher.

E então, como eu dissesse uma bobagem qualquer, Bandeira riu, riu muito com todos os seus dentes de dentuço. As pessoas de hoje talvez não façam essa ideia de Manuel Bandeira como um homem frequentemente jovial, que ria muito, e gostava de rir.

O VERDADEIRO GUIMARÃES

Aconteceu há alguns anos, na Cinelândia. Vi um senhor de certa idade e senti que o conhecia de algum lugar. Ele também deu sinais de me reconhecer. Detive-me para lhe apertar a mão. Trocamos algumas palavras vagas, enquanto eu me esforçava por localizá-lo. Comecei a sofrer; todos os leitores conhecem essa pequena angústia. Para esconder minha perplexidade, tratei-o da maneira mais cordial, tive realmente muito prazer em vê-lo, há quanto tempo, o senhor está muito bem, está mais moço, francamente etc.

Quando ele disse qualquer coisa a respeito de Belo Horizonte, suspirei com alívio. Era o Guimarães! Seria realmente insultuoso não reconhecer o Guimarães, sempre tão camarada meu – um velhinho agente de publicidade que sempre aparecia na redação em que eu trabalhava, e até mais de uma vez me deu dinheiro para redigir alguma "matéria paga". Um desses antigos cavadores de anúncio, um bom sujeito. Fiquei ainda mais cordial, perguntei se ele se demorava no Rio. Respondeu que agora estava morando aqui.

— E como vai de vida?

Respondeu modestamente que ia indo. Muito trabalho... Comentei que a vida no Rio estava cara, a gente tinha de fazer força para aguentar. Ele concordou. Indaguei se não pensava em voltar para Minas, ele disse que não, estava mesmo fixo no Rio. Acompanhei-o carinhosamente até a esquina e, ainda com remorso de não havê-lo reconhecido no primeiro instante, me despedi:

— Pois olhe, fiquei muito contente em saber que você se arranjou bem aqui no Rio. Felicidades, hem!

*

Depois que ele se afastou é que me ocorreu que talvez ele é que não me tivesse reconhecido. Afinal só me dissera coisas mais ou menos vagas, e eu não me lembrava de que ele tivesse pronunciado meu nome. Também era natural – há tanto tempo que eu não via o Guimarães!

Pois ia vê-lo dias depois. Eu me encontrava na calçada da Biblioteca Nacional com o Adauto Lúcio Cardoso e Olavo Bilac Pinto e vinha andando com eles quando apareceu o Guimarães em direção contrária. Os dois precipitaram-se a cumprimentá-lo com a maior deferência – e eu também.

Quando continuamos os três a nossa marcha, comentei com Adauto: "Que velhinho simpático esse, não?" Não sei se minhas palavras foram bem essas, sei que Adauto estranhou minha maneira de falar e desconfiou que eu não reconhecera o velhinho simpático.

Era o ministro Orozimbo Nonato, presidente do Supremo Tribunal Federal e meu antigo professor de Processo Civil.

O pior é que o Guimarães, o verdadeiro Guimarães, o tal agente de publicidade que só anos depois vim a identificar em Belo Horizonte – não era Guimarães; era Magalhães.

A MULHER IDEAL

Uma revista francesa pergunta a alguns leitores – em que lugar do mundo você gostaria de encontrar por acaso a mulher amada? Frívola pergunta, e chega a ser triste para quem, afinal de contas, não tem mulher amada nenhuma para encontrar em parte alguma.

Mas por que não confessar que essa pergunta me fez sonhar? Para sonhar com método, comecei por imaginar a mulher amada; isto é fácil para qualquer homem em qualquer momento de sua vida. A mulher sonhada, na verdade, varia com os momentos; única vantagem, aliás, que leva sobre a amada real.

Sonhei-a. Fraca é a minha imaginação; não sei inventar nada, nem o enredo de um conto, nem o entrecho de uma peça; se tivesse imaginação escreveria novelas, e não croniquetas de jornal. Assim, para falar verdade, a amada ideal saiu um pouco demasiado parecida com uma senhora desta praça; só que, não sei por quê, a coloquei dentro da moldura de um retrato inglês do século passado; um retrato que vi numa galeria em Washington; talvez de Hogarth, talvez de Reynolds, Sir Joshua Reynolds. Por que os pintores de hoje não fazem mais retratos assim, se limitam ao mero busto, quase sempre sem fundo sequer? Retrato de minha amada haveria de ser de corpo inteiro, em atitude gentil, fingindo de distraída, com paisagem no fundo.

Penso em lugares onde andei e amei – Paris, Capri; mas seria odioso lembrar de outras pessoas estando a seu lado. Penso em praias do Brasil, em pequenos lugares sonolentos de beira-rio no Brasil, com árvores imensas junto ao remanso, e cigarras no fim da tarde...

Nova Iorque; não a Nova Iorque daquele hotel onde morei, trabalhei, conheci gente, tinha amigos e amigas, podia dar a quem chegasse um copo de uísque, aquele apartamento que acabou quase igual ao meu antigo apartamento de Ipanema, tanto é monótono o homem só. Mas o primeiro hotel onde me deixaram, enorme, feio, hostil, onde senti a delícia melancólica de não conhecer ninguém, ficar vagamente lendo uma revista no *lobby*, vendo aquele incessante entrar e sair de gente – e, de súbito, você!

E quando saíssemos do hotel, no fim da tarde (porque você, como sempre, teria um compromisso), e estivéssemos docemente fatigados pelo amor, e famintos, e friorentos (porque seria outono), talvez eu encontrasse um pequenino restaurante italiano que Dora Vasconcelos me ensinou antigamente, Dora, a suave amiga que morreu há tantos anos, mas que eu elegeria nossa madrinha; ficaríamos longamente os dois conversando com vinho e queijo – e se fosse à noite eu gostaria de levar você a um bar que não existe mais, The Composer, um desses pequenos bares com um piano discreto, em que entrei uma vez com um amigo, e me deixei ficar sozinho depois que ele se foi, e me deu um ataque de lirismo e uma profunda fome de carinho porque havia duas mulheres lindas, de pernas compridas, louras, magras e maduras, que depois me disseram que uma delas era não sei quem, e me lembro que me deu aquele sentimento triste de ser estrangeiro e levei o susto de minha vida quando uma delas me fez um aceno gentil com a cabeça, me confundindo com alguém, do que logo se desculpou sorrindo e eu fiquei com cara de bobo triste – ah, naquele The Composer que não existe mais nós ficaríamos numa pequena mesa, confortados por um drinque e um piano.

E andaríamos longamente pelas ruas mais cheias de gente, nossos corações pulsando de manso no meio da apressada multidão, espiando vitrinas, entrando aqui e ali, descobrindo pequenas coisas e pequenos seres amigos no tumulto da cidade grande...

Uma revista francesa não me perguntou nada e eu estou aqui sonhando à toa – e, o que é pior, sozinho.

POR QUEM OS SINOS BIMBALHAM

Escrever mal é fácil; há pessoas que escrevem naturalmente mal, sem nenhum esforço no sentido de escrever muito bem. São os maus escritores vulgares. Neste momento estou pensando é nos outros, nos iluminados (iluminados aqui, naturalmente, quer dizer, demoníacos) da arte de escrever mal.

O primeiro caso que me ocorre não é o de um mau escritor habitual; não. Trata-se de um homem que normalmente até escreve bem, com certa dignidade e limpeza; mas um dia lhe deu um estalo... Vou contar.

Joel Silveira dirigia um semanário, e há muito tempo aquele amigo lhe prometia um artigo. Seria sobre política ou economia; ou talvez as duas coisas embrulhadas em História, pois o amigo, além de poeta, era historiador. Mas não havia jeito de o artigo sair. Joel cobrava, o amigo dizia que estava caprichando. Até que chegou o dia fatal. O escritor entrou na redação e, em silêncio, tirou o artigo do bolso e o pôs na mesa, sob os olhos de Joel.

— Oh, até que enfim!

Silveira abriu-se num sorriso, ergueu-se para abraçar o amigo; depois sentou-se outra vez, pegou o artigo, leu apenas duas palavras e ficou de uma palidez mortal. Com um gesto de invencível repulsa afastou as laudas de sua frente e mal conseguiu articular:

— Não!

O outro estacou surpreso. Joel parecia ir sucumbir; apelou para todas as energias sergipanas, ergueu-se novamente e, pegando o artigo sem lhe lançar mais os olhos, devolveu-o ao autor:

— Não!

O outro ficou sem saber se aquilo era de brincadeira ou deveras; mas Joel Silveira recobrou sangue, e recobrou até demais. Estava rubro, seus olhos faiscavam:

— Você está louco? Eu fecho este jornal, mas este artigo não sai!

E berrou para mim, a duas mesas de distância, como quem pede socorro:

— Rubem!

Quando me aproximei, ele retomou o artigo da mão do amigo e me mostrou:

— Veja se é possível publicar isto! Leia só as três primeiras palavras: você não chegará à quarta! Ninguém, no mundo, conseguirá chegar até a quarta palavra, a linotipo vai engasgar na hora de compor isso!

Olhei – mas Joel já bradava para toda a redação ouvir, aquele começo genial: "Tirante, é óbvio, ..."

E indignado:

— A gente tropica na primeira vírgula, passa por cima desse óbvio, bate com a cabeça na segunda, morre!

*

O outro caso foi o de uma senhora. Uma senhora que tinha seus encantos, usava perfume francês. Estava muito bem recomendada. Caio de Freitas, que era o secretário da redação, tinha ordem de publicar a sua crônica. Ela entrou na sala com seu andar musical, abriu a bolsa, meteu lá a longa mão branca (lembro-me das veias azuis) e com um sorriso encantador estendeu o original:

— Aqui está...

Caio sorria com seus olhos verdes, encantado com aquela presença. Vi, porém, que seu sorriso murchava. Por um instante senti que seus lábios tremiam ligeiramente, como se estivesse reprimindo um acesso de cólera. Conteve-se. Fechou a cara. Meteu a crônica na gaveta. Fez um ar apressado, levou a senhora até o elevador, beijou-lhe a mão, conseguiu forjar um sorriso de despedida, mas quando voltou sua expressão era de ódio impotente misturado com desalento.

Tirou a crônica da gaveta e me mostrou: "Natal! Natal! Bimbalham os sinos..."

O demônio é forte. Até hoje sou incapaz de ouvir falar em Natal ou ver aqueles horríveis anúncios com Papai Noel na televisão sem me lembrar daquelas palavras, que me perseguem há mais de trinta anos: "Natal! Natal! Bimbalham os sinos..."

E muitas vezes, quando me sento diante da máquina, principalmente nos dias de mormaço e tédio, sinto que o demônio me domina e me vem a tentação terrível de começar com as palavras fatais: "Tirante, é óbvio, ...".

O SR. ALBERTO, AMIGO DA NATUREZA

O livro é impresso em Prudentópolis, no interior do Paraná, e se chama *Manual do caçador ou Caçador brasileiro*. Seu autor é o sr. Alberto de Carvalho, que não tem prática de escrever, mas de caçar tem. Fala de cães, e como usá-los; e de bichos do mato, e como matá-los.

O sr. Carvalho nos avisa que os poetas têm falado do mavioso canto do sabiá, mas não dizem nada de sua saborosa carne. Ele, o sr. Carvalho, come sabiá. De resto come tudo, inclusive macaco.

Para caçar rolas, aconselha-nos fazer cevas com milho, quirera ou arroz. As rolinhas se acostumam a ir comer toda manhã, e uma bela manhã – pum! O sr. Carvalho conta, com exclamações deliciadas, que já viu um só tiro matar dezesseis rolas.

Mais difícil é caçar papagaios, cuja carne, aliás, não presta. Mas assim mesmo vale a pena, porque "a chegada de um caçador carregado de papagaios é sempre aplaudida em consequência da beleza da plumagem". (É um esteta, o sr. Carvalho.)

Falando-nos de tucanos ele não informa se a carne é boa ou má, mas a verdade é que fala bem dos tucanos: "Pela beleza da plumagem constituem um belo alvo". Garante que é possível mestiçar uru com galinha garnisé, e que é mesmo infalível a receita de desentocar tatu com o auxílio de um pauzinho ou do dedo aplicado em certo lugar, convindo "segurá-lo fortemente com a outra mão pela cauda, porque do contrário ele espirrará pela porta afora com assombrosa agilidade".

Quanto aos veados, não há dificuldade: "Em geral eles têm seu lugar de morada ou paradouro, de onde não se afastam para longe, exceto quando corridos".

O sr. Carvalho ensina também como asfixiar cutias com fumaça, no oco do pau. Enfim, o sr. Carvalho é, como ele mesmo diz, um amante da Natureza!

Berço de mata-borrão

"Dê-me o berço de mata-borrão", disse eu. Na inocência de seus vinte anos, ela me olhou intrigada: "berço de quê?" Só então eu refleti que mata-borrão é uma palavra forte (até violenta) e feia. Trata-se de um papel que serve para absorver tinta. Normalmente a gente o usava para secar a escrita, pois a tinta com que escrevíamos custava a secar. Quanto ao berço, era uma peça à qual se prendia o mata-borrão, para mais fácil manuseio. Dadas estas explicações à juventude contemporânea, devo dizer que era isso o que faltava a uma certa *Loura dolicocéfala*, ou talvez a uma *Virgem de dezoito quilates*, personagem de Pitigrilli, quando acabou de escrever um bilhete para o novo amante e não tinha como fazer secar as letras. Fez o seguinte: abriu uma urna em que estavam as cinzas de seu antigo amante, e as utilizou para aquele fim.

No *Livro dos insultos*, de H. L. Mencken, seleção e tradução de Ruy Castro, há uma referência a Ambrose Bierce: "Certa vez tive a curiosa experiência de ir a um funeral com ele... Contou histórias de crematórios que pegaram fogo e feriram os parentes do defunto; de bêbados mortos cujos restos explodiram; de viúvas vigiando o fogo a noite inteira para se certificar de que seus falecidos maridos não iriam escapar..."

Há muito tempo a Santa Casa anuncia que vai construir um crematório. Liguei para lá e perguntei a respeito.

Alguém respondeu que o crematório já estava construído no Cemitério São João Batista; esperavam apenas ordem do prefeito para fazê-lo funcionar. Liguei para o gabinete do prefeito, e lá me deram o telefone do presidente da Comissão de Cemitérios, um senhor extremamente gentil e com uma voz nada fúnebre. Ele disse que não, não havia crematório algum. Explicou que este era para ser construído no Cemitério São Francisco Xavier, no Caju, mas a Santa Casa aparecera com um novo projeto; fazer o forno no alto do morro atrás do Cemitério São João Batista, uma encosta muito íngreme, que exigiria obras de contenção; também seria preciso deslocar várias famílias carentes que lá vivem.

Não se justifica, portanto, a mudança do local. Esta era sua opinião, mas cabia ao prefeito decidir. Voltei a ligar para a Santa Casa, e desta vez me informaram que o crematório "estava em construção". Perguntei então se a Santa Casa se encarregava de pegar o corpo e levá-lo para o Crematório de São Paulo e como seria feito o transporte. Em uma Kombi, responderam; a não ser que eu combinasse o transporte com alguma empresa aérea.

Eu disse que queria saber os preços desse serviço, e então me disseram para ligar para a garagem, e ali me foi perguntado onde estava o corpo. Respondi que estava em Ipanema, e então o homem disse que de Kombi o transporte para São Paulo ficaria em 350 cruzados. Achei barato demais, mas o homem insistiu em que o preço que ele sabia era este; quanto ao custo da cremação, era melhor eu ligar diretamente para São Paulo.

Liguei. O homem lá disse que o serviço, com a urna, ficaria em 45 mil cruzados. Não, não aceitavam Cartão

Nacional nem da Golden Cross. Na verdade há muitos anos escrevi uma crônica dizendo que queria ser cremado, e que minhas cinzas fossem jogadas discretamente da Ponte Municipal de Cachoeiro, no rio Itapemirim, já tão poluído que isso não o alteraria muito. Mas aí apareceu aquele filme *La nave va*, de Fellini, e minha ideia se tornou um tanto ridícula, como a da cantora lírica que desejava ter suas cinzas jogadas em alguma parte do Adriático.

Esqueci de contar que o sujeito da Santa Casa perguntou-me se o corpo já estava preparado para o funeral. Acanhado, eu não lhe disse que ainda me faltava morrer.

Então a moça de vinte anos disse: "Ah, já sei, eu vi isto na mesa de meu avô. É uma coisa para carimbar batendo assim, não é?"

Não, não é.

Votos para o Ano-Novo

Os cronistas mais organizados costumam escolher, no fim de ano, os dez melhores, os dez maiores, os dez mais isto ou aquilo do ano que passou. Essas escolhas públicas não têm o encanto das escolhas particulares, feitas em uma pequena roda, em que se costuma decidir, depois de severos debates, qual foi o maior "fora", o pior vexame, o melhor golpe do baú, o maior chato do ano, a mais bela dor de cotovelo, o mais louvável infarto do miocárdio, o *party* mais fracassado, a cena mais ridícula, o marido mais manso etc. Note-se que para a escolha deste último deve-se levar em conta que há muitos cavalheiros que não podem ser aceitos no páreo, devem ser considerados *hors-concours*. É preciso incentivar os valores novos.

*

Depois desse salutar exercício, proponho que cada pessoa faça um exame de consciência e pergunte a si mesma com que direito se arvora em juiz dos outros. Pense nos seus próprios pecados, nos seus próprios ridículos. Procure ver a si mesmo como se fosse alguém a quem quisesse ridicularizar. Como seria fácil! Quem sabe que a virtude de que você mais se envaidece é menos uma virtude do que medo da polícia, ou, mais comumente, do ridículo?

Dizem que o crime não compensa. E a virtude, compensará? Espero que sim; mas talvez só no outro mundo. Neste aqui não sei; mas conheço pessoas virtuosas que me parecem tão azedas, tão infelizes, tão entediadas, tão sem graça com a própria virtude que dão vontade da gente dizer:

— Está muito bem, nossa amizade, você é formidável. Mas assim também enjoa. Peque pelo menos uma vezinha, sim? É bom para relaxar.

*

Raul de Leoni sonhava com... "um cristianismo ideal, que não existe, onde a virtude não precisasse ser triste, onde a tristeza fosse um pecado venial..."

Acho que a pessoa querer buscar a felicidade em pecados e sujeiras só não é um erro quando a pessoa tem mesmo muita vocação para essas coisas. Mas isso é raríssimo. A maior parte dos sujos tem uma inveja secreta e imensa dos honrados, dos limpos. Sofre com isto. Sofre tanto quanto os que vivem além do gabarito da própria virtude.

*

Desejo a todos, no Ano-Novo, muitas virtudes e boas ações e alguns pecados agradáveis, excitantes, discretos, e, principalmente, bem-sucedidos.